Claudia Nietsch-Ochs

Wenn ich in meinem Garten bin

topos taschenbücher, Band 717

Claudia Nietsch-Ochs

Wenn ich in meinem Garten bin

Gottesspuren im Grünen

topos taschenbücher

Verlagsgemeinschaft topos plus
Butzon & Bercker, Kevelaer
Don Bosco, München
Echter, Würzburg
Lahn-Verlag, Kevelaer
Matthias-Grünewald-Verlag, Ostfildern
Paulusverlag, Freiburg (Schweiz)
Friedrich Pustet, Regensburg
Tyrolia, Innsbruck

Bibliografische Information der Deutschen Nationalbibliothek
Die Deutsche Nationalbibliothek verzeichnet diese Publikation in der Deutschen Nationalbibliografie; detaillierte bibliografische Daten sind im Internet über http: // dnb.d-nb.de abrufbar.

Einband- und Reihengestaltung | Finken & Bumiller, Stuttgart
Umschlagabbildung | www.photocase.de / Mella
Herstellung | Pustet, Regensburg
Printed in Germany

Topos ISBN: 978-3-8367-0717-6

www. toposplus.de

Inhalt

Vorwort 7

Am Morgen 11
Tautropfen 13
Samenkorn 20
Grünkraft 27

Am Mittag 35
Ruhen 37
Das Herz des Gartens 44
Rhythmus 51

Am Nachmittag 59
Ordnung 61
Verluste 68
Lob auf den Kompost 74

Am Abend 81
Trost der Bäume 83
Gärten unserer Mütter 90
Paradiesgarten 97

Bücher und Zeitschriften, die für das
Entstehen dieses Buches wichtig waren 104

Vorwort

Wenn ich in meinem Garten bin, geht es mir meistens gut. Dieses Wohlbefinden reicht sehr tief und geht über die Freude an allem, was schön ist im Garten, weit hinaus. Es sind innere lebensfördernde Erfahrungen, die beim Gärtnern entstehen, aber in andere Lebensbereiche hineinwirken. Im Garten werde ich beschenkt: Die frische Luft, das Erleben des Jahreskreises im Grünen, die körperliche Arbeit, die genussvolle Freude an den Blumen, dem Obst und dem Gemüse sind die offensichtlichen Geschenke. Dazu darf ich im Garten innerliche – geistliche – Erfahrungen machen: mein Staunen über das Wunder vom kleinen Samenkorn, das in sich die ganze Pflanze birgt und hervorbringt, meine Dankbarkeit für die grünende Lebensenergie, die ich aufnehmen kann und die meinen Lebensmut stärkt, und der Trost, den ich in dem unaufhörlichen Werden und Vergehen und Werden in jedem Jahreskreis erleben und spüren kann.

Julia Kospach sagt über Gärten: »Am Anfang ist ein Garten nicht mehr als ein Raum voller Ideen und Träume. Eine diffuse Sehnsucht nach Farben, Gerüchen, Blüten und Mustern. Um dieses Traumbild legt sich mit der Zeit der Rahmen des Möglichen« (André Heller/Julia Kospach, Augenweide, Wien 2003). Von diesen Sehnsüchten, von dem Raum voller grüner und blütenbunter Erfahrungen und über das Leben und Arbeiten in einem ganz realen Garten soll dieses Buch handeln.

Was das Buch nicht ist

Sie finden kein Kalendarium, wann was im Garten geschieht oder geschehen sollte. Dafür gibt es Fachbücher. »Gottesspuren im Grünen« führen Sie auch nicht ein in das Anlegen eines »biblischen« Gartens, wie es sie in Pfarr- oder Klostergärten gibt oder auf Landesgartenschauen. Es werden Ihnen in den einzelnen Kapiteln zwar viele Pflanzen begegnen, aber ich bin Ihnen nicht dabei behilflich herauszufinden, welche Pflanzen zu Ihnen und Ihrem Garten passen. Und ganz sicher werden Sie hier nicht für einen idealen Garten beraten. Wenn Sie beim Blättern feststellen, dass Ihnen ein Kapitel über den Nutzen der Bienen und ihre Symbolik oder sonst etwas fehlt, dann sind Sie schon auf der richtigen Spur zu Ihren eigenen Erfahrungen mit Gärten.

Was das Buch sein kann

Wenn ich in meinem Garten bin und arbeite und dabei zu Ruhe und Freude und zu neuer Energie komme, stelle ich mir vor, dass es vielen Gärtnern und Gärtnerinnen so geht, je auf ihre Weise. Wenn ich mit anderen Gärtnern und Gärtnerinnen ins Gespräch komme, spielen die Mühen und Gefährdungen sicher eine Rolle, aber der Austausch mündet in das gegenseitige Bestätigen, mit welcher Freude und Leidenschaft jedes Jahr neu der Garten bearbeitet und genossen wird. Mein Garten ist nicht Ihr Garten, aber die Erfahrungen lassen sich erzählen und verknüpfen.

Ein Tag im Garten

Der Pfad durch das Buch ist nicht das Gartenjahr, sondern ein Tag. Morgen, Mittag, Nachmittag und Abend bieten in vier Kapiteln Gartenalltag und mehr. Der Tau am Morgen, die Ruhezeit am Mittag, Ordnung am Nachmittag und der Trost der Bäume am Abend sind verwurzelt im Erleben eines Gartens und in biblischen Bildern von Garten und Schöpfung. Daraus entsteht eine grüne Spur, ein Impuls für den »inneren Garten« und abschließend ein Gebet.

Ich widme das Buch allen Gärten, in denen ich in meinem Leben spielen, leben und arbeiten, genießen, staunen und ruhen durfte und darf. Ich widme das Buch allen Gärtnern und Gärtnerinnen, die mich in meinem geistlichen Wachsen inspiriert und begleitet haben.

Claudia Nietsch-Ochs

Am Morgen

Tautropfen

»Du siehst aus wie ein taufrischer Morgen!« Ein schönes Kompliment – nicht nur für Gärtnerinnen und Gärtner. Wenn Sie am Morgen in Ihren Garten gehen, erwartet Sie manchmal diese Taufrische. Wassertröpfchen, die sich besonders in wolkenlosen, windstillen Nächten in Bodennähe durch Abkühlung der Luftfeuchtigkeit bilden, sorgen für den morgenfeuchten Garten. Im Frühling und im Frühsommer bekommt feuchtes Gras – zart nass glänzende Blätter – durch das noch milde Sonnenlicht einen ganz besonderen Glanz. Im Herbst kommt zum Glanz noch ein silbriges Schimmern hinzu: Fast wie Perlenschmuck hängen die Tautropfen in den Spinnennetzen an Sträuchern und Blumenstauden. Plötzlich werden zarte Gewebe sichtbar, mal fast geometrisch in der Exaktheit der Struktur, dann wieder wie eine Hängematte lässig. Die winzigen Tautröpfchen machen es möglich, dass wir einen wundersam geschmückten Garten bekommen. Wenn sich der Tau in winterlichen Raureif verwandelt, ist der Garten, besonders wenn Sie ein paar Stauden und Gräser stehen ließen, endgültig eine geheimnisvolle und bezaubernde Welt geworden.

Die Taufrische am Morgen ist nicht nur eine Augenweide, sie ist fühlbar auf der Haut und, wenn Sie es mit Pfarrer Kneipp halten, auch an den nackten Füßen im Gras. Und sie ist riechbar: mal verbunden mit dem Duft von blühenden Bäumen und Sträuchern, mal schon satt an herbstlichen Gerüchen von Krautköpfen, Kompost und gefallenem Laub. Das alles vermag Wasser in seiner sanftesten Form, der Feuchtigkeit.

Ein sanftes Geschenk des Himmels

Wasser ist neben Licht eine Grundvoraussetzung, dass überhaupt etwas wachsen kann. Es ist ein hohes Gut der mitteleuropäischen Klimazone, dass Pflanzen nicht von den wenigen Tautropfen leben müssen, sondern dass diese morgendliche »Befeuchtung« ein zusätzliches Geschenk zu den regelmäßigen Regengüssen ist. Wobei die Natur tatsächlich findig genug ist, ihre Pflanzen so auszustatten, dass in trockenen Zeiten diese Tautropfen genügen können, zumindest eine Zeit lang. In Steppen und regenarmen Gebieten ist der Tau nicht nur eine ästhetische Kostbarkeit, sondern für Pflanzen und viele kleine Tiere die Grundlage fürs Überleben.

Wasser vom Himmel ist Leben. In seinen sanften Formen wie ein leichter Regen oder Tau wirkt es segensreich und gedeihlich auf die Natur. Regen und ausdrücklich Tau stehen biblisch für Gedeihen und Fruchtbarkeit. Wir finden es in Segensworten der Väter- und Müttergeschichten im Buch Genesis. »Gott gebe dir vom Tau des Himmels, vom Fett der Erde, viel Korn und Most«, spricht Isaak seinem Sohn Jakob im Erstlings-Segen zu und muss dem zweiten Sohn Esau bescheiden, dass er fern vom Tau des Himmels und dem Fett der Erde wohnen wird (Genesis 27,28.39). Die große Vermächtnisrede des Mose am Ende seines Lebens beginnt ebenfalls mit dem Bild des Regens und des Taus. Wie die Erde Regen und Tau aufnimmt, soll seine Botschaft vom Volk gehört und aufgenommen werden (Deuteronomium 32,2).

Im Buch Jesus Sirach wird die lebendige Gabe des Gotteswortes mit der Erfrischung des Taus verglichen: »Vertreibt nicht der Tau die Hitze? So ist das Wort mehr als die Gabe« (Jesus Sirach 18,16) und »Linderung für alles ist das Träufeln der Wolken, der Tau, der sich ergießt, um das Trockene zu erfrischen« (Jesus Sirach 43,22).

Tau – ein sanftes Geschenk des Himmels – ist eben kein Wolkenbruch, sondern ein »Bodenöffner«. Ein feuchter Boden kann Regen leichter aufnehmen als ein trockener. Ist das auch gemeint, wenn wir singen: »O Heiland, reiß die Himmel auf … im Tau herab, o Heiland, fließ … ihr Wolken brecht und regnet aus«? Erst der Tau und dann der Wolkenbruch! Im Lied und in biblischen Verheißungstexten geht es um die Ankunft des Messias. Die Drohbotschaften der Propheten sprechen von der Versteppung des Landes, von der unfruchtbaren Dürre, die eine Konsequenz der Gottesferne ist: »Deshalb hält der Himmel über euch den Tau zurück, und die Erde hält ihren Ertrag zurück« (Haggai 1,10). Und das messianische Reich hat die Feuchtigkeit und Fruchtbarkeit wieder: »Ich werde für Israel da sein wie der Tau, damit es aufblüht wie eine Lilie und Wurzeln schlägt wie der Libanon« (Hosea 14,6). Die Verheißung des Messias war verbunden mit der tiefen Sehnsucht nach umfassendem Frieden für die Erde. Die Vorstellung eines immer gedeihlichen Wetters für Mensch, Tier und Pflanzen gehörte und gehört wesentlich dazu.

Das Taubecherl im Garten

Alchemilla xanthochlora oder deutsch Frauenmantel führt ein unauffälliges Leben im Garten. Als Unterwuchs unter Stauden und Sträuchern, auch mal als Beeteinfassung zeigt er sich nützlich mit seinen hellen blaugrün flächigen Blättern und zartgelben Blütenrispen. In kühlen Nächten kann diese Pflanze, wie einige andere auch, durch Blattspalten aktiv Wasser ausscheiden. Die Wassertröpfchen sammeln sich beim Frauenmantel in der vertieften Blattmitte. Taubecherl, Taufänger oder Tränenschön sind die volkstümlichen Namen des Frauenmantels, der sich selbst das Geschenk des Himmels bescheren darf. Schon in der mittelalterlichen Medizin wurde diese Eigenschaft wahrgenommen und diesen »Tautropfen« heilsame Wirkung vor allem beim Benetzen der Augen zugesprochen.

Mit blanken Augen in den Garten

Die Morgentauzeit lädt mich nicht zum Arbeiten, aber zu einem Spaziergang ein. Mit aufmerksamen Sinnen kann ich den Garten in aller Ruhe wahrnehmen. Der frühe Morgen gehört den Vögeln. Ihr Zwitschern weckt mich und begleitet durch die ersten Morgenstunden. Alles ist noch wie frisch gewaschen und erscheint wie neu. Ein Stück barfuß gehen lässt die erfrischende Kühle auch spüren. Die Luft riecht gut. Noch ist Muse angesagt und der morgenfrische Blick aufs Kleine – eben tautropfenperspektivisch. Da gibt es vielleicht einen Regenwurm beim Luftbad zu sehen. In seiner ganzen Länge liegt er auf der feuchten Erde. Eine Wespe nimmt auf einem Blatt ungeniert ein Schlückchen Wasser zu sich. Ein Nachtfalter muss aus der Regentonne gerettet werden. Und die Schnecken – sie gehören eigentlich ins Kapitel »Verluste«. Aber wenn ich eine Schnecke am Morgen wäre? Wie genussvoll muss es sein, mit diesem zarten Feuchtigkeitsfilm unter dem Fuß über das Gartenpflaster hin zu den Gemüsebeeten zu gleiten!

Humor ist verwandt mit Humus

Die Taufrische des Morgens ist ein Angebot an die Menschen, sich ebenfalls dieser zarten Feuchtigkeit zu öffnen. Wie wichtig ist für unser Wohlbefinden, dass in uns alles »im Fluss« ist, zum Beispiel für unsere Augen und ihre Fähigkeit, sich selbst mittels der Tränenflüssigkeit zu reinigen, für die Schleimhäute und die Haut als Ganzes. Wenn uns die Feuchtigkeit fehlt, spüren wir schmerzhaft diesen Mangel. Und auch unser Wesen und unsere Gestimmtheit braucht das sanfte Geschenk des Wassers. Humor ist verwandt mit Humus. Wie guter feuchter, aber nicht nasser Humus dem Garten Wuchskraft und Gedeihen schenkt, verleiht uns Humor die Fähigkeit, das Leben leichter zu nehmen. Über mich selbst lächeln zu können, Fehler und Mängel nicht nur in ihrer Tragik zu sehen, das hat mit innerer Beweglichkeit zu tun. Ein »vertrockneter« Mensch ist getrennt vom Fluss des Lebens, von den Tränen der Freude und den Tränen der Trauer. Die Gefühle können nicht gedeihen.

Der Satz »Jemand ist nahe am Wasser gebaut« beschreibt im Allgemeinen einen Menschen, der leicht zu Tränen gerührt ist. Das ist für Erwachsene nicht immer angenehm, vielleicht mancher und manchem sogar peinlich. Aber denken Sie an das Psalmwort »Wohl dem Menschen, … der Freude hat an der Weisung des Herrn … Er ist wie ein Baum, der an Wasserbächen gepflanzt ist, der zur rechten Zeit seine Frucht bringt und dessen Blätter nicht welken. Alles, was er tut, wird ihm gut gelingen« (Psalm 1). Wie gedeihlich ist es auch für uns Menschen, wenn wir Zugang zu unseren inneren Quellen haben, sei es im Glück oder in der Traurigkeit.

Für den inneren Garten

Wie finde ich eine »taufrische« Morgenhaltung? Für die einen ist es die Viertelstunde länger liegen bleiben am Morgen, eben der Schönheitsschlaf. Es kann aber auch die Viertelstunde früher aufstehen sein, die mich öffnet für die kleinen Geschenke eines geruhsamen Morgens, der in aller Ruhe und Gelassenheit beginnt. Gedeihlicher Tau kann viele Gestalten annehmen!

Auch über den Tag kann das Bild des Taus behilflich sein. Gedeihliche Feuchtigkeit für Leib und Seele braucht Aufmerksamkeit. Manchmal können wir wie der Frauenmantel selbst etwas dafür tun. Das kann ganz praktisch die Handcreme nach der Gartenarbeit sein, aber auch der humorvolle Umgang mit sich selbst, mit den Unberechenbarkeiten des Gartens und mit den Mitmenschen.

Nur ein Tropfen

Ein Tropfen, Gott,
bringt das Fass zum Überfließen.
Ich will es nicht vergessen,
damit mein Ärger und mein Zorn
nicht ungerecht werden.

Eine Träne mehr, Gott,
und die Augen fließen über.
Ich will auch in der Trauer
Ausschau halten
nach dem Sonnenstrahl
für meinen Regenbogen
der Zuversicht.

Ein Tropfen in meinem Gesicht, Gott,
ist der Anfang des Regens.
Ich will empfänglich werden
wie die Erde
für alles Gedeihliche,
das mir zufließt.

Ein Tropfen, Gott,
Essenz,
nie genug,
mehr als nichts,
kaum zu sehen,
kaum zu spüren,
kaum zu schmecken
und doch – stetig – höhlt er den Stein.

Ein Tropfen, Gott,
Geschenk des Himmels
und der Erde.

Samenkorn

Spaziergänge im Spätsommer und im frühen Herbst sind für mich verbunden mit einem wachen Blick für alles Verblühte. Die Samenstände üben einen unwiderstehlichen Reiz aus, sie einzusammeln. Das geht mir zu Hause so, aber auch an Urlaubstagen. Eine kleine Tüte, ein Glas mit Deckel ermöglichen, etwas nach Hause zu tragen für das nächste Jahr. Es sind kleine Kostbarkeiten, die auf diese Weise in den eigenen Garten kommen. Mal ist es eine Blumenvariante, die ich schon lange suchte, und mal eine Urlaubserinnerung, deren Gedeihen ich mit viel Spannung und Vorfreude erwarte, weil ich mir damit eine lebendige Erinnerung an erholsame Ferienorte in den »Alltags«-Garten holen kann.

Im Laufe der Jahre hat sich meine Sammelleidenschaft etwas beruhigt. Manche Misserfolge lehrten mich, genauer hinzuschauen. Nicht jede ersehnte Pflanze hat in meinem Garten eine reelle Chance. Der Samen einer Waldakelei wird nur im Halbschatten gedeihen und wenn ich den nicht habe …

Samen sind Trost und Verheißung

Samen einzusammeln ist etwas Tröstliches und Verheißungsvolles mitten im Herbst, wenn sich die Wachstumszeit verabschiedet und der Garten im Zeichen des Verblühens steht. Das Garten- und Naturjahr endet nicht perspektivlos. Blumen verwandeln sich in raschelnde Schatzkästchen – eine Mohnkapsel oder ein kleiner mehrteiliger Ballon der Jungfer im Grünen – oder in Startplätze für kleine Flugobjekte wie die Schirmchen der Tagetes oder die Segel der Zinnie. Manchmal sind es erdenschwere kleine Sterne, Monde und Kugeln. All die Samen, mögen sie noch so klein und unauffällig sein, bergen in sich die Summe eines Vegetationszyklus', das Geschenk der Natur an die Zukunft.

Darin liegt das Verheißungsvolle: Im Abschied vom Grün halten wir schon das Versprechen des nächsten Frühlings in den Händen.

Wir dürfen diese Verheißung auch mit Gott in Verbindung bringen. Eines der schönsten Bilder Jesu für das Reich Gottes ist das Gleichnis vom Samenkorn.

Das kleinste Samenkorn wird darin zum Baum, in dessen Krone genistet werden kann und der mit seinem Schatten Ruhe und Erholung spendet (Markus 4,30–32). Das ist das Wunderbare: Vor uns liegen Winzlinge, manchmal vertrocknet, runzlig, und wir wissen, dass die ganze Potenz einer Pflanze darin enthalten ist. Es ist ein göttliches Geschenk an uns, dass wir im Samen schon die Verheißung des Baumes sehen können. In der Schöpfungsgeschichte übergibt Gott dem Menschenpaar alle Pflanzen und Bäume, die Samen tragen, damit sie zur Nahrung dienen und der Kreislauf der Natur beginnt als Zukunft und Leben für die Schöpfung und die Menschen. Und Jesus führt diese göttliche Liebe zur Schöpfung fort. Er wählt in seinen Gleichnisreden Bilder wie das des Hirten, der seine Herde kennt und sein Leben einsetzt für den Schutz der ihm Anvertrauten (Johannes 10), und das vom Sämann, der seine Worte wie Samen in die Menschen sät (Markus 4).

Das Samenkorn aus der Hand geben

Im Herbst stehen in der Küche und auf meinem Schreibtisch Schälchen, in denen Gesammeltes noch endgültig trocknet, bevor es in kleine beschriftete Tüten kommt. Dann ist das Gartenjahr abgeschlossen.

Im frühen Frühling sitze ich mit den eigenen und den gekauften Tütchen am Tisch. Aber nun nicht mehr mit dem Ziel, gut zu bewahren, sondern mit der Sehnsucht nach Neubeginn: Was werde ich an Bewährtem und Vertrautem säen, wo werde ich etwas Neues ausprobieren? Was kann ich sehr früh säen, wo muss ich warten? Die ersten wärmeren Sonnenstrahlen lassen in mir die Sehnsucht nach Garten »keimen«.

Die Propheten des Alten Testaments beschreiben die Sehnsucht nach dem Neuwerden der Schöpfung und die Hoffnung auf Gottes Heilswirken auch im Bild der Saat. »Denn wie die Erde die Saat wachsen lässt und der Garten die Pflanzen hervorbringt, so bringt Gott, der Herr, Gerechtigkeit hervor und Ruhm vor allen Völkern« (Jesaja 61,11). Bei Jesaja ist es Gott, der Gerechtigkeit hervorbringt, der Prophet Hosea fordert die Menschen auf, selbst Gerechtigkeit zu säen. »Sät als eure Saat Gerechtigkeit aus, so werdet ihr ernten, wie es der (göttlichen) Liebe entspricht« (Hosea 10,12). Wir als Mitschöpferinnen und Mitschöpfer dürfen und sollen mitwirken an dem großen Garten Erde!

Ich halte ein Samenkorn in der Hand.
Mein einziges Korn.
Sie sagen, ich soll das Korn in die Erde legen,
ich muss mein Korn schützen,
mein einziges Korn.
Ich habe nie erlebt, dass es Frühling gibt.
Sie sagen, es wächst neues Leben aus dem Korn.
Ich verliere mein Korn,
mein einziges Korn.
Ich habe nie erlebt, dass es Frühling gibt.
Sie sagen, ich muss mein Korn riskieren,
mein einziges Korn.
Aber ich habe nie Frühling erlebt.
Mein Geliebter sagt: Es gibt Frühling!
Ich lege mein Korn in die Erde.

QUELLE UNBEKANNT

Beim Aussäen für den Garten wird selten so viel Sorge und Angst vor dem Loslassen des Samenkorns existieren, wie es dieses Gedicht beschreibt. Da öffnet ja Sehnsucht, etwas wachsen zu sehen, die Hand. Wenn Sie an Ihre Lebensträume, Ihre Lebensentwürfe, an alles Ihnen Wertvolle denken, ist dieses Gedicht schon eher zu begreifen. Einen neuen Tag beginnen, einen weiteren Schritt wagen ist wie ein Samenkorn in den Boden legen. Äußere und innere Bedingungen erleichtern oder erschweren mir dieses »Risiko«. Es gibt Tage, an denen ich vertrauensvoll und gelassen bin, andere Tage sind voller Bedenken.

Im Neuen Testament wird Jesus als ein Sämann des Wortes beschrieben. In seinem Gleichnis von der Saat, die auf unterschiedlichen Boden fällt (Matthäus 13,3–8), teilt er den Jüngern und Jüngerinnen mit, was in dem Moment passiert, wo das Samenkorn aus der Hand gegeben, gesät wird. Es beginnt ein Prozess, der in sich das Misslingen, aber eben auch die große Chance des Keimens, Wachsens und der Ernte birgt. Säen, die Samen aus der Hand geben, ist ein besonderer Akt.

Der Samen geht auf und der Mensch weiß nicht wie

Für ein Kind ist es fast nicht begreifbar, dass zwischen dem Hineinlegen des Samenkorns in die Erde und dem Ernten der Früchte oder der Freude an einer Blume eine so lange Zeit liegen muss. Das Bild des Fertigen auf der Samentüte zeigt nicht den Weg. Haben Sie als Kind auch »nachgeschaut«, in der Erde gegraben, ob der Same schon etwas macht? Es war oft das Ende dieses verheißungsvollen Vorgangs. Wie lange dauert das denn?

Es geht um die menschliche Hoffnungskraft, dass es immer wieder gelingt. Wenn wir das Samenkorn aus der Hand geben, loslassen und wenn wir dann voller Hoffnung und Geduld warten, kann es geschehen. Der Moment des Keimens ist uns aus der Hand genommen, und bei den meisten Pflanzen geschieht es unsichtbar. Dank naturwissenschaftlicher Untersuchungsmöglichkeiten wurde dieser Vorgang inzwischen für uns sichtbar, als wunderschöne Fotos in Biologiebüchern oder noch faszinierender in Zeitrafferfilmen. Aber auch wenn wir um die Vorgänge im Inneren eines Samenkorns wissen, die Wirklichkeit – säen und warten – bleibt dennoch spannend. Wenn ich Worte säe, wenn ich Taten wie Samen ausstreue, werde ich auch geduldig und voller Spannung abwarten müssen, was aufgeht und wie. Für den Garten wie fürs Leben scheint zu gelten: Ich kann es nicht alleine. Ich werde loslassen, es einem anderen überlassen müssen … die bisherige Form muss vergehen und aufbrechen, damit das Neue kommen kann.

Für den inneren Garten

Das Samenkorn in meiner Hand ist wie eine neue Möglichkeit für etwas, das ich kenne, aber nicht ganz und nicht in allen Facetten. Dieses Gefühl ist nicht an Jahreszeiten gebunden und nicht an den Garten.

Jeder Tag ist am Morgen wie ein Samenkorn in meiner Hand. Die Pflanze ist manchmal schon bekannt: das, was mich erwartet, was ich vorhabe, auf was ich mich freue und was ich befürchte. Es gibt Tage und Vorhaben, die gleichen eher einer praktischen Nutzpflanze, andere lassen uns auf Blumen hoffen oder es warten »Wildkräuter« auf uns.

Ich möchte den Tag verheißungsvoll sehen. Ich möchte den Morgen in den Tag hinein loslassen, in den Tag hineingehen, vertrauensvoll losgehen, ohne ganz sicher zu sein, was wird. Ich möchte das Samenkorn riskieren, das ich ja auch selber bin.

Samenkorn Freude,
heute will ich dich ausstreuen
in die Erde der Traurigkeit,
in das Beet der Eintönigkeit.

Samenkorn Hoffnung,
heute will ich dich säen
in die Furche der Verzweiflung,
in die schmalen Pflasterritzen des Aufgebens.

Samenkorn Frieden,
heute will ich dich ausstreuen
zwischen den Mauern der Feindschaft,
zwischen das Gestrüpp der Unversöhnlichkeit.

Samenkorn Gerechtigkeit,
heute will ich dich säen
in den verdichteten Boden des Profits
in den steinigen Boden der Habgier.

Samenkorn des Vertrauens,
heute will ich dich ausstreuen
in die schmalen Beete des Misstrauens,
an die Wegränder aufeinander zu.

Schöpfer Gott, Liebhaberin des Lebens,
bereite du den Boden,
lass keimen die Saaten,
lass wachsen
Freude,
Hoffnung,
Frieden,
Gerechtigkeit,
Vertrauen
unter uns.

Grünkraft

Am Anfang der grüne Garten

Wenn aus der Nacht der ganz frühe Morgen wird, gibt es einen Moment, wo aus dem nächtlichen Grau-Blau-Schwarz wieder die Farben auftauchen, im Garten vor allem das Grün. Der Blick ins Grüne kann am Morgen froh stimmen.

Für den Garten ist Grün die Grund- und Startfarbe. Auch wenn noch nichts blüht, gibt es den »grünen Garten«. Jede noch so farbenprächtige Blüte beginnt mit einem Keimling, der ergrünt, sobald er aus der Erde spitzt. Grün ist sowohl die Antwort der pflanzlichen Natur auf Licht als auch Ausdruck eines energetischen Verwandlungsprozesses: Die Lichtenergie wird in Pflanzennahrung verwandelt. Das »Abfallprodukt« Sauerstoff kommt Menschen und Tieren zugute – was für eine göttliche Erfindung!

Hildegard von Bingen wusste noch nichts von Chlorophyll und Photosynthese, aber sie beschreibt das, was sie sieht, spürt und mit ihrem Glauben verbindet als *viriditas*, Grünkraft. Grünkraft, die uns auf Erden als »Wachstumsenergie« umgibt und gleichzeitig eine göttliche Qualität darstellt. In ihrem dritten Visionsbuch »Welt und Mensch« beschreibt sie in ihrer letzten Vision den Wandel der irdischen Lebensenergie: Im Anfang der Schöpfung habe die Erde noch eine solche grünende Lebenskraft besessen, dass es kein menschliches Zutun brauchte, um Früchte hervorzubringen. Aber mit dem Verlust der Tugenden und mangelnder Gerechtigkeit der Menschen habe diese Kraft an Stärke verloren. Heute – ungefähr 1000 Jahre später – können wir diese Einsicht nur bestätigen. Wenn das Wissen um Abhängigkeiten innerhalb der Naturkreisläufe dem bloßen Gewinn untergeordnet wird, muss »künstlich« nachgeholfen werden, in einem Maß, das letztlich dem Menschen und den Tieren schadet.

Hildegard von Bingen darf in ihrer Vision allerdings auch ein gutes Ende sehen: Der Heilige Geist durchwirkt mit Weisheit und Heiligkeit die Menschheit, sodass sie ein gutes Leben führt. Grünkraft und Fruchtbarkeit werden dann (wieder) überquellen.

Grün – die Farbe der Hoffnung

Der Hoffnung haben wir in unserem Kulturkreis das Grün als symbolische Farbe beigesellt und bestätigen damit, dass für unsere Augen Grün eine wohltuende Farbe ist. Wir sind auf diese Farbe in der Vielfalt der Blätter, Stängel und mancher Blüten angewiesen; ganz wirklich, was unsere Nahrung angeht, aber auch seelisch. Ich freue mich im Frühling auf die Vielfalt der Grüntöne in meinem Garten und die verschiedenen Blattformen, in denen das Grün erscheint. Und bis zum Sommer verwandelt sich gerade an den Bäumen das helle fast durchsichtige Blattgrün in ein sattes Grün. Jedes Jahr dürfen wir in unserer Klimazone dem Wandel staunend zuschauen, wenn sich die durchlässigen Baumkronen der Winterbäume in zartgrüne Wolken verwandeln, die immer noch transparent erscheinen, bis sie im Sommer ein dunkles Tiefgrün erreichen.

Die Farbe Grün – so wichtig sie für uns ist – gehört nicht zu den Grundfarben (Blau, Rot und Gelb). Sie ist eine Mischfarbe aus Blau wie der Himmel oder das Wasser und Gelb wie das Sonnenlicht oder das Feuer. Wasser und Sonnenlicht sind die Elemente, die eine Pflanze neben dem Erdboden braucht, um überhaupt ins Leben zu kommen. Selbst wenn sie sich so spezialisiert hat, dass sie nur wenig davon braucht, sind sie dennoch unabdingbar. Mit Schatten und Trockenheit können bestimmte Pflanzen umgehen, aber ganz ohne Licht und ganz ohne Feuchtigkeit ist keine Pflanze lebensfähig. Wir selbst sind auch auf diese beiden Urelemente angewiesen. Ohne Wasser, ohne Flüssigkeit können wir nicht lange überleben, und Licht ist für Körper und Seele lebensnotwendig. Die Lebensfarbe der Natur, das Grün, mischt sich sinnvoll aus den Grundfarben, die wir im Wasser und im Sonnenlicht sehen.

Die dritte Grundfarbe, das Rot, bildet die Komplementärfarbe zu Grün: Werden diese beiden Farben vermischt, heben sie sich auf und werden zu Braun, aber nebeneinander gesetzt bringen sie sich zum Leuchten. Denken Sie an rote Rosen mit ihrem dunkelgrünen Laub oder an die Staude mit dem wunderschönen Namen »Brennende Liebe«, eine zinnoberrote Blütendolde mit hellgrünem Blattwerk. Wenn Kinder einen Obstbaum malen, werden sie ihn mit roten Kirschen und roten Äpfeln versehen. Der grüne Adventskranz im Dezember und die immergrüne Tanne, früher oft nur mit roten Äpfeln geschmückt, wurden und werden als Lebenssymbol mitten im Winter betrachtet und damit zu einem christlichen Hoffnungszeichen für die Adventszeit und das Weihnachtsfest.

Das Grün grünt

Verben, die aus manchen Farbnamen abgeleitet werden können, haben oft einen negativen oder doch ambivalenten Klang: erröten, anschwärzen, bräunen, vergilben ... Beim Grün ist das Tätigkeitswort ausschließlich positiv. *Es grünt* ist fast gleichbedeutend mit *es gedeiht.*

Grün ist für alle Sinne erfahrbar. Das Naheliegendste sind die Augen. Wie wohltuend ist es, über eine grüne Wiese zu schauen oder sanfte Almwiesen im Voralpenland in ihrer weichen Weite zu betrachten. Die Vielfalt der Grüntöne ist belebend, aber nicht beunruhigend.

Frisch gemähtes Gras ist Grün für die Nase. Die Aromen von grünen Blättern sind vielduftig, nicht nur bei Kräutern. Ringelblumenblätter, Geraniengrün und Tagetes duften eher herb, die Blätter und Stängel der Cosmea haben einen fast fruchtigen Geruch. Mit Salaten und Salatkräutern nehmen wir frisches Grün zu uns und auch Spinat und Mangold bieten unseren Gaumen Grüngeschmack in vielen Variationen.

Nicht zuletzt können wir das Grün auch fühlen. Mal sind Blätter glatt und fest, flächig oder schmal, mal sind sie pelzig, rau oder gar stachelig. Und das Grün schwingt mit allen anderen Farbtönen in der »Harmonia Mundi« mit. Musikharmonik und Farbharmonik werden beide in Frequenzen gemessen. Aus diesem Grund haben vor allem Malerinnen und Maler immer wieder nach einer Korrespondenz zwischen Malerei, also Farbe, und Musik gesucht.

Das Grünen finden wir als verheißungsvolles Tun in den Versprechen Gottes. Nach der Sintflut wird der Jahreszyklus genannt, ein Rhythmus von Brache und Wachstum, der nicht mehr durch göttliche Intervention unterbrochen werden soll. Jesaja darf in den messianischen Verheißungen dem verlassenen und ausgedörrten Land zusagen, dass es wieder grünen wird (Jesaja 35). In den mitteleuropäischen Breitengraden sorgt der Winter dafür, dass wir dieses Grünen sehr bewusst verabschieden und begrüßen können. Andere Regionen der Erde haben andere Wunder des Grünens: Ein Regen in der Wüste, der für kurze Zeit die Wüste zum Blühen bringt, mag wohl eines der beeindruckendsten Phänomene der »Grünkraft« dieser Erde sein.

Das grüne Gewand Gottes

Die Erde wird der blaue Planet genannt. Für uns Menschen ist allerdings der grüne Bereich der Erde der Lebensort und die Lebensgrundlage. Die großen Wälder der Erde sind für unser Überleben und das klimatische Überleben der ganzen Erde existenziell notwendig. Die Natur kann sich erstaunlich lange immer wieder regenerieren. Diese Vitalität ist eine Gabe an uns, die wir nicht endlos missbrauchen dürfen. Ich stelle mir die Erde, die Gärten, alle unbebauten Landschaftsflächen als ein grünes lebendiges Gewand Gottes vor. In diesem grünen Gewand können wir Gott erkennen und lieben.

Der grüne Daumen

Passionierten und begabten Gärtnern und Gärtnerinnen wird der »grüne Daumen« nachgesagt. Was sie in die Erde bringen, gedeiht, selbst wenn es empfindliche Samen oder Ableger sind. Der »grüne Daumen« ist für mich ein schönes Bild für einen erotischen, das heißt weltliebenden Umgang mit allem, was lebendig ist. Mit Liebe und Erfahrung dafür sorgen, dass etwas wächst, ist eine Qualität, die nicht nur im Garten gedeihlich wirkt. Wahrscheinlich könnten wir den »grünen Daumen« für alles anwenden, was wir mit Freude und Können angehen, anfassen, ergreifen. Bestimmte Fähigkeiten sind erlernbar, andere sind Geschenke. Der grüne Daumen gehört zu den Geschenken.

Für den inneren Garten

Was bringt mich zum Grünen? Um mich und meine Fähigkeiten zur Entfaltung zu bringen, muss ich alle gedeihlichen Kräfte nutzen. Gerade am Morgen ist es gut, mir meine Kraftquellen für Leib und Seele bewusst zu machen. Ein Blick oder sogar ein kurzer Spaziergang hinaus ins Grüne kann mich schon ganz früh empfänglich machen für alles Lebensförderliche – Hoffnung, Ausdauer, Humor, Sympathie. Gedeihliche Kräfte sind auch der ausreichende Schlaf und alles, was mich gesund erhält.

Wenn Sie zur Arbeit unterwegs sind, können Sie auch das Grün am Wegrand suchen. Wie gut tut es, wenn die Möglichkeit besteht, am Morgen wenigstens ein Stück unter Bäumen zur Arbeit oder zum Einkaufen zu gehen. Es scheint, als ob das Grün der Rasenstücke, Büsche und Bäume über Nacht die Luft erfrischt, gesäubert und mit Sauerstoff neu angereichert habe. Sie können tief Luft holen für den ganzen Tag.

Wie bringe ich andere zum Grünen? Die meisten Menschen tun es von selbst, wenn ich sie wachsen lasse und meine Freude daran zeige und ausspreche. Ich brauche einen aufmerksamen Blick für zarte Knospen und ein gutes Gefühl für den Platz, den jemand braucht, um wachsen, ergrünen und aufblühen zu können. Licht und Wasser im Alltag sind Höflichkeit und Freundlichkeit, ein ehrliches Kompliment, eine konstruktive Kritik.

Durch dich wogen die Wolken und fliegen die Lüfte,
träufeln die Steine, bringen die Quellen die Bäche hervor,
lässt sprossen die Erde das Grün.
Du bist der Lufthauch, der alles Grüne nährt,
der alles sprießen lässt mit reifenden Früchten.

Du bist es, der auch mich ergrünen lässt,
dass ich erblühe
zu deinem Lob und
zur Freude der Menschen.

Du bist der grünen Lebenskraft milder Hauch,
du stärkst, was wachsen will.

Du bist es, der mich im Wachsen stärkt,
dass ich im Herzen kraftvoll
das Gute versuche und fruchte
zu deinem Lob und
zur Freude der Menschen.

Du lässt den Samen keimen
und stillst der Erde Verlangen
nach grünem Gewand.

Du säst den Samen der Gerechtigkeit,
dass ich in rechtem Mühen
ergrüne und reife
zu deinem Lob und
zur Freude der Menschen.

Wenn Dürre uns droht und grüne Lebenskraft schwindet,
kommst du mit grünender Lebensfrische deiner Liebe
uns zu Hilfe.

Nach Texten von Hildegard von Bingen

Am Mittag

Ruhen

Jetzt ist Pause. Nach einem Vormittag im Garten mit allen Arbeiten, die anfielen, ist es schön, im Garten auch Pause zu machen.

In einem Garten werde ich immer etwas zum Arbeiten finden. Ganz egal, ob es ein Blumengarten ist, ein Gemüsegarten oder ein Schrebergarten, es gibt immer noch einen »nötigen« Handgriff. Schade, wenn Sie nach getaner Arbeit den Garten verlassen müssen und ins Haus oder in die Wohnung gehen. Der Garten ist auch ein Ort der Erholung. Dafür braucht es zum Beispiel einen Baum, um darunter die Mittagsruhe zu halten. Wenn Sie im Schatten eines Baumes ausruhen, kann der Garten sich bedanken. Das durch tausend Blätter gefilterte Licht ist wohltuend gedämpft. Sie sind draußen, im Schatten und spüren das Sonnenlicht. Vielleicht ist es eine überschattete Terrasse oder der Vorplatz eines Gartenhauses, wo ein Liegestuhl zu einem Mittagsschläfchen einlädt. Und selbst eine Decke auf der Wiese ist ausreichend, wenn Sie nichts gegen den Besuch eines Käfers oder einer Ameise einzuwenden haben. Mittagszeit ist helles Licht, Surren der Fliegen, vielleicht auch die zarte Musik einer Grille. Die Geräusche »draußen« sind da – Schulkinder auf dem Heimweg, Autos, der Rasenmäher eines Unermüdlichen, aber die Geräusche müssen nicht stören. Sie haben sich fürs Innehalten entschieden.

Ein Buch für den Garten

Wenn mir nicht nach schlafen zumute ist, finde ich lesen im Grünen auch sehr schön: etwas zum Trinken, ein kleiner Imbiss – direkt aus dem Garten – und ein gutes Buch.

Wahrscheinlich ist der Garten für die meisten Menschen nicht der geeignete Ort für konzentriertes Bearbeiten und Lesen von Fachliteratur. Aber das ist auch nicht das Ziel einer Mittagspause im Garten. Im Garten zu lesen, verlangsamt das Lesetempo. Der Blick kann sich immer wieder heben, um ins Grüne und Blühende zu schweifen, und Gelesenes klingt nach.

Das Gartenbuch der Bibel ist das Hohelied. Bei Martin Buber, einem jüdischen Philosophen, der uns eine Übersetzung des Alten Testaments ins Deutsche geschenkt hat, heißt dieses Buch »Gesang der Gesänge«. Das Hohelied ist als Liebeslied geschrieben. Das Bild vom Liebespaar bezieht sich auch auf die Liebe Gottes zum Menschen und umgekehrt. Im Suchen und Finden der Liebenden wechselt der Handlungsort zwischen Stadt und Weideland, zwischen Weinberg, Nussbaumhain und Garten. Es ist ein Loblied auf die Schönheit der Pflanzen und Bäume, auf den Duft der Blumen und Gewürze. Die Freundin gleicht der Lilie und der Freund einem Apfelbaum. Sich zu sehen und zu begegnen ist, wie wenn der Winter vorüber ist und die Pflanzen und Bäume anfangen zu treiben und zu blühen: Der Rebstock treibt, die Knospe öffnet sich, die Granatäpfel blühen. Die Freundin und Geliebte wird selbst zum Garten, der versiegelt ist, aber den Geliebten einlädt, einzutreten: Die Natur und der Garten erscheinen als Ort der Gottes- und Menschenbegegnung in Liebe und Zuneigung.

Wem es Freude bereitet, Pflanzennamen zu lesen und sich die Pflanzen vorzustellen, wer die Welt der orientalischen Poesie und die Düfte der südlichen und südöstlichen Gewürze mag, findet im Hohelied, im Gesang der Gesänge, eine wunderbare Lektüre.

Schauen und Staunen

Wenn Sie Ihre Pause nicht gerne mit schlafen oder lesen verbringen, schauen Sie einfach ins Grüne.

Ein Garten ist ja nicht nur ein Ort fürs Tun, sondern auch für das entdeckende und staunende Schauen. Der Blick, der beim Arbeiten auf das einzelne Beet, die einzelne Pflanze gerichtet war, schweift jetzt über das Ganze. Die Schönheit der Ordnung eines Gemüsebeetes kommt in den Blick, hochgewachsene Lauchstangenreihen und dazwischen filigranes Möhrenkraut. Zwischen den großen Zucchiniblättern schlängeln sich die kleineren Blattscheiben der Kapuzinerkresse hindurch, die leuchtenden Sonnen der Ringelblume durchbrechen die grünen Mangoldreihen und blaugrüne Zwiebelröhrchen und Blattstängel der roten Rübe bilden ein reizvolles Paar. Das Licht der Mittagszeit ist zwar eher hart, aber aus meiner schattigen Position heraus kann ich das Leuchten der Gartenfarben dennoch genießen.

Die Mittagszeit ist für viele Blumen die Blühzeit, Kräuter entfalten in der Wärme ihre Düfte – ein guter Grund innezuhalten und sich daran zu freuen. Das biblische Schöpfungsbild von Gott, der durch den Garten Eden geht, kommt mir in den Sinn. Neben dem Schaffen, dem Hacken, Schneiden, Pflanzen und Zupfen kann mit dem Innehalten und Schauen die Freude am Garten wachsen: »Und Gott sah alles an, was er gemacht hatte: Es war sehr gut« (Genesis 1,31).

Auch wenn viele Gärtner und Gärtnerinnen die Arbeit im Garten als erholsam empfinden, bleibt es doch Arbeit. Eine Pause zu machen, sich hinzusetzen und sich zu freuen, öffnet den Blick und das Herz. Mit der Freude entsteht auch Dankbarkeit für dieses Stück Schöpfung, in dem ich gestalten kann und dessen Früchte ich genießen darf.

Gott schenkt dem Land Ruhe

In den Texten der ersten alttestamentlichen Bücher, in denen es immer wieder um das verheißene Land geht, um Landnahme und Vertreibung, um Kämpfe und Eroberungen, findet sich wiederholt der Satz, dass Gott dem Land Ruhe schenken wird (Josua 11,23; Richter 3,30; 1 Könige 22,1; 2 Chronik 13,23 und andere). Die Erde als Kriegslandschaft erleidet allen Hass der Menschen sichtbar. Ernten werden zerstört, Bäume gefällt, Häuser und Gärten dem Erdboden gleich gemacht. Kriegszerstörungen treffen Menschenleben und die menschliche Lebensgrundlage, die Erde.

Heutige »Landnahme« für breitere Straßen, schnellere Geleise und größere Industriegebiete setzen eine beunruhigende Erdbewegung in Gang. Tonnen von Erde und Gestein werden verschoben, Landschaft wird bleibend verändert. Es dauert mehrere Jahre, bis solche Landschaften wieder zur Ruhe kommen, wieder zu einer »grünen« Gestalt finden. Als Mitschöpfer und Mitschöpferinnen sind wir auch dafür verantwortlich, dass die Zusage Gottes, dem Land – und den Menschen – Ruhe zu schenken, im Leben Zeit bekommt.

Der Sabbat für den Menschen und für das Land

Im Buch Levitikus, der Gesetzessammlung der Bücher Mose, wird dem Volk Israel die Sabbatruhe für das Land, das sie in Besitz nehmen, aufgetragen. »Wenn ihr in das Land kommt, das ich euch gebe, soll das Land Sabbatruhe zur Ehre des Herrn halten« (Levitikus 25,2), sagt Gott und will, dass nach sechs Jahren landwirtschaftlicher Arbeit im siebten Jahr das Land Ruhe bekommt. Niemand soll säen, der Weinberg soll nicht ausgeschnitten werden.

Heute ist ein Jahr landwirtschaftlicher Ruhe gar nicht mehr vorstellbar. Die Vier-Felder-Wirtschaft hatte das Prinzip der Brache noch verwirklicht, heute wird durch Fruchtwechsel und Dünger versucht, in der Landwirtschaft den »Stillstand« zu vermeiden.

In einem Garten könnte das biblische Prinzip noch wirksam werden. Erde darf ausruhen und einzelne Beete dürfen ein Jahr lang das hervorbringen, was in ihnen steckt an wilden Samen.

Dieses Ruhenlassen könnte eine Einladung an den Gärtner, die Gärtnerin sein, sich selbst und dem Garten Ruhe und Atempausen zu gönnen: Wachstumspausen abwarten und nicht gleich mit Dünger nachhelfen, Pflanzen ausreifen und verwelken lassen und nicht gleich abschneiden.

Winter, die große Pause im Garten

Was die Mittagspause für den Tag ist, ist der Winter für das Jahr. Nur ungern trenne ich mich im Spätherbst vom Garten und der Gartenarbeit. Ganz fertig werde ich nie und hoffe immer noch auf den letzten sonnigen Tag im November, den ich für Aufräumarbeiten nutzen kann. Und dann kommt doch der Schnee – und er deckt den Garten zu und befreit mich plötzlich und sanft von allem »ich müsste noch«. Die Winterruhe des Gartens ist auch meine Zeit der Ruhe und Erholung. Bei aller Freude am Garten tut es gut, eine Pause zu machen. Es ist eine Pause von regelmäßigen Gartendiensten wie Gießen, Hacken und Jäten. Und wenn die Pause erst einmal angefangen hat, kann ich es durchaus genießen, durch das Fenster hinaus in den Garten zu schauen. Es entsteht dann in mir ein Gefühl wie »Jetzt kann und muss ich nichts machen« und ich freue mich an der Durchsichtigkeit der entblätterten Bäume und Büsche, an den filigranen Formen getrockneter Blütenstängel und den Erdschollen der leeren Beete.

Für den inneren Garten

Die Mittagspause führt manchmal ein armseliges Dasein: Ich arbeite mittags durch, mit der Perspektive, früher fertig zu werden. Den körperlichen und geistigen Tiefpunkt versuche ich dann auszutricksen mit Arbeiten, die weniger Konzentration benötigen.

Um im Alltag ruhig zu werden, um eine wirkliche Pause einzulegen in der Betriebsamkeit, brauche ich Zeit und Übung. Wenn ich mich an einem lebhaften Tag mittags hinsetze, bedeutet das oft, dass alle Gedanken und Vorhaben, die in der Arbeit untergegangen sind, voll Macht auf mich einströmen und eher Unruhe bringen als Innehalten.

Einige Fragen helfen, die Fülle der einströmenden Gedanken zu sortieren: Was ist bis zum Mittag alles passiert? Wie geht es mir jetzt? Was kommt in der zweiten Tageshälfte noch auf mich zu? Was will ich noch anpacken? Dazu muss ich einen Schritt zurücktreten: räumlich, indem ich meinen Arbeitsplatz verlasse, geistig, indem ich – und das braucht Übung – die Arbeit (los-)lasse.

Mittagspause, die eingehalten wird, kann zur Mittagsruhe werden: Meine Geschäftigkeit, mein Gedrängtsein wird gestoppt, ich kann im wahrsten Sinn des Wortes »Atem holen«, gegenwärtig werden. Diese Ruhe verhilft mir dazu, Abstand zu gewinnen von Dingen, von Aufgaben, die mich – zu sehr – besetzen. Sie ermöglicht mir, wahrzunehmen, was ich schon geschafft habe, und mich daran zu freuen. Diese Ruhe hilft mir, Fehler und Versäumnisse in aller Ruhe anzuschauen und zu korrigieren, so weit es in meinen Kräften steht.

Ruhe geben heißt, mich zu verabschieden von der Vorstellung, ich könnte alles alleine bewerkstelligen, sei es im Garten, in der Familien- und Berufsarbeit, in meinem Leben.

Das Hohe Lied des Mittags

Dir, Schöpfer Gott,
sing ich das Mittagslob des Gartens.
Pflanzen und Tiere zeigen sich in deinem Licht,
entfalten ihre Schönheit,
mir und dir zur Freude und zum Lob.
Kornblumenblau erstrahlt und
Mohnrot leuchtet,
sonnig lächelt Löwenzahn,
fedrig grün öffnet Cosmea
ihre weiß und rosa Blütenkörbchen.
Blaue Sternchen streut das Gurkenkraut,
darüber wiegt sich duftend Dill und Fenchel
zu einer zarten Melodie
von Biene, Hummel, Schwebefliege.
Allein die Namen sind schon Lob,
wenn Malve, Akelei und Sonnenhut ich sage.
Wenn Pfauenauge, Schwalbenschwanz
und Bläuling um mich schweben,
werde ich von deren Leichtigkeit getragen.
Der Duft von Rosen, Wicken, Nelken
erinnert mich daran,
dass du mir Atemhauch gegeben hast
und damit Leben.
Dir, Schöpfer Gott, gehört das Mittagslob des Gartens,
in all den Namen schwingt ein Grundton mit,
das Sehnen nach dem Frieden hier auf Erden,
dass er erblühe hier und jetzt.

Das Herz des Gartens

Im Buch Genesis im Alten Testament heißt es: »Dann legte Gott, der Herr, in Eden, im Osten, einen Garten an und setzte dorthin den Menschen, den er geformt hatte. Gott, der Herr, ließ aus dem Ackerboden allerlei Bäume wachsen, verlockend anzusehen und mit köstlichen Früchten, in der Mitte des Gartens aber den Baum des Lebens und den Baum der Erkenntnis von Gut und Böse« (Genesis 2,9).

In der Mitte steht der Baum des Lebens und der Erkenntnis. In der Mitte dieses ersten Gartens steht das, was uns ausmacht, unsere Lebendigkeit und unsere Freiheit. Diesen ursprünglichen Garten musste der Mensch verlassen, um seine Freiheit zu leben. Die Sehnsucht nach diesem geschützten Ort der Fruchtbarkeit und des Lebens hat den Menschen aber nie verlassen. Die Gärten aller Zeiten und Kulturen sind im Gegensatz zur Ackerwirtschaft der Versuch, etwas von diesem himmlischen Ort auf die Erde zu holen. In unserer abendländisch-christlichen Tradition bilden sehr früh die Klostergärten einen wichtigen Strang der Gartenkultur.

Sich der Mitte zuwenden

In Klostergärten gibt es eine Mitte, das Zentrum der sich kreuzenden Gartenwege. Die einfachste Form des »Gartens« ist die Mitte eines Kreuzgangs. Vier Wege deuten die Himmelsrichtungen und die vier Ausflüsse der Lebensquelle an. Ein Brunnen in der Mitte steht für diese Lebensquelle oder ein immergrüner Baum wie ein Wacholder oder eine Zypresse, die an den Baum des Lebens im Garten Eden erinnern. Die vier Beete wurden nicht »genutzt«, sie waren mit Gras oder Efeu begrünt, um nicht das Gebet und die Besinnung der Mönche oder Nonnen zu stören. Für Blumen, Kräuter und Gemüse gab es in größeren Klöstern einen eigenen Nutzgarten. Dieser Garten hatte nicht unbedingt eine Mitte, aber einen Mittelweg, von dem aus an beiden Seiten die Beete angelegt waren, zunächst mit Flechtzäunen eingefasst, später mit Buchs. Wie eine Wirbelsäule zieht sich der Weg durch den Garten, um eine gleichmäßige Versorgung aller Beete zu gewährleisten.

Die dritte Gartenform eines Klosters war der Baumgarten, der auch als Friedhof genutzt wurde. Neben den Gräbern standen je nach Klima die verschiedensten Obst- und Nussbäume, deren Früchte das Kloster versorgten. In der Mitte dieses Gartens stand oft ein Kreuz als Hinweis darauf, dass das Kreuz Jesu durch die Auferstehung das alte Lebensbaummotiv wieder aufgreift. Heutige Waldfriedhöfe mit ihrem Baumbestand und der ruhigen und schattigen Atmosphäre erinnern daran, nur dass es heute keine Obstbäume mehr sind, die neben den Gräbern wachsen.

Die Anlage eines solchen Gartens, gerade des Nutzgartens, lebt weiter in den sogenannten Bauerngärten. Eine Mitte mit kreuzenden Wegen oder ein Mittelweg im Garten erfreut durch die Ordnung, die dadurch entsteht. Einfassungen aus Buchs, Lavendel oder niederem Liguster rahmen alles, was in den Beeten wächst.

Mitten am Tag mitten im Garten

Mitten am Tag mitten im Garten – das kann zunächst räumlich gemeint sein. Wenn ein Garten groß genug ist, kann ich mitten im Garten vor den Augen der Außenwelt tatsächlich verborgen und »geschützt« sein. Mitten im Garten – nicht am Zaun – kann ich für mich sein und die Außenwelt bleibt vor der Gartentür.

Mitten am Tag mitten im Garten kann auch Ihre Haltung beschreiben und die Erfahrung, wenn Sie in Ihrem Gärtnern »aufgehen«, mit sich mittig sind. »Denn wo dein Schatz ist, da ist auch dein Herz« (Matthäus 6,21). Die Mitte oder das Herz des Gartens ist auch in Ihnen selbst verborgen. Das Herz des Gartens sind die unsichtbaren Antriebskräfte. Mitten im Garten können Sie das gedeihliche Zusammenwirken von Erde und Himmel erfahren, in Ihrem Herzen entdecken Sie die leidenschaftliche Liebe zum Garten, zu den Pflanzen, zu der kleinen Tierwelt, die dazu gehört. Leidenschaft und Liebe für das Leben in der Natur sind Antrieb für das Gestalten auch noch so kleiner, aber geliebter Gärten. Diesen Gärten werden es die Betrachtenden am Zaun auch ansehen, dass sie »Herz haben«. Mit derselben Leidenschaft und Liebe schufen berühmte Künstler und Künstlerinnen als Gärtner und Gärtnerinnen wunderschöne Parklandschaften und botanische Schatzkästchen wie zum Beispiel den Park von Sissinghurst in Großbritannien oder Kunstgärten wie den Park von Niki de Saint Phalle in Italien. Wer diese großen Gärten besucht, spürt in größeren Dimensionen die gleiche Sehnsucht nach geschützten Orten für Wachstum und Gedeihen wie bei den kleinen privaten Gärten.

In der Mitte – ein Lob der Regentonne

Natürlich ist vieles im Garten das Ergebnis kontinuierlicher Pflege und Arbeit. Aber wenn in jedem Jahr wieder so viel gedeiht, es eine Gemüse- und Obsternte für den Magen und eine Blumen- und Farbenernte fürs Auge gibt, dann ist das ein Geschenk des Himmels. Im Buch Deuteronomium gibt es einen Landsegen, der dies beschreibt: »Das Köstlichste vom Himmel ... von dem, der im Dornbusch wohnt« (Deuteronomium 33,13.16).

Wasser – in welcher Form auch immer – gehört zu den zentralen Orten im Garten. Ohne Wasser ist ein Garten schwer oder gar nicht zu halten. Das ist ein wesentlicher Unterschied zum Acker. Selbst wenn Sie Ihre Pflanzen nicht mit Gießwasser verwöhnen wollen, gibt es doch die immerdurstigen und die empfindlichen Gewächse, die ihren Durst nicht allein mit Regen löschen können. Ich habe einen Garten ohne Wasser. Lange versuchte ich, trotzdem eine große Vielfalt an Blumen und Gemüse zu pflanzen. Es ist mir letztlich nicht gelungen. Heute wachsen in diesem Garten Beerenbüsche, einige zähe Blumenstauden wie das Johanniskraut, die Akelei, die Fette Henne, der Storchschnabel und Kräuter. Es ist ein »wilder« Garten geworden, der unabhängig von meiner Gießpflege geworden ist und mir doch viel Freude macht. Manches verschwindet, anderes geht wild auf, mit Beeren, Äpfeln und Quitten werde ich jedes Jahr versorgt und muss mich wenig sorgen.

Ein Garten mit Gemüse und größerer Blumenvielfalt gelingt so nicht. Nun ist heute eine Wasserleitung beim Hausgarten kein Problem mehr. Es stellt sich eher die Frage, ob es noch sinnvoll ist, mit Trinkwasser den Garten zu versorgen. Die Regentonne oder eine Gumpe sind »Wasserorte« im Garten der Kindheitserinnerungen, die wieder aktuell werden. Auch ein kleines Dach sammelt Regentropfen und schafft Rücklagen für die trockenen Tage. In welcher Form auch immer: So wie im Garten Eden sich die vier Flüsse aus einer Quelle speisen, aus einer Mitte, ist die Wasserstelle die eigentliche Mitte, ein Lebenszentrum des Gartens.

Herzstücke

Nicht in jedem Garten gibt es ein deutlich erkennbares Zentrum. Aber es gibt Herzstücke.

Es ist die Gartenlaube für die Musestunden im Garten. Dort können sich Gartenfreunde und -freundinnen treffen. Es ist ein Teich, der Tiere anzieht: In der Ruhe verschiedener Tagzeiten gibt es Bewegung am Rand, im Wasser und im Flug darüber. Ein Baum oder ein Strauch können den Garten in besonderer Weise prägen.

Die Mitte eines Gartens, auch wenn es nicht räumlich zu sehen ist, ist nicht die Arbeit, sondern die Lust und die Freude. Deshalb ist es auch nicht das Werkzeughäuschen, das im Zentrum steht, sondern etwas Schönes, Schmückendes oder Nährendes. So ein Herzstück erinnert immer daran, dass der Garten mit allem, was darin wächst, auch ein Geschenk des Himmels ist.

Für den inneren Garten

Die Tagesmitte war der Anfang dieser Überlegungen. Es ist schon etwas passiert und es kann noch etwas geschehen. Woran orientiere ich mich in der Mitte des Tages? Die Klostergärten geben mit ihrer deutlich ausgewiesenen Mitte, sei es die Quelle, der Baum oder das Kreuz, einen Hinweis. Was brauche ich in der Mitte meiner Tage, was brauche ich als Mitte in meinem Leben? Was nährt mich, was belebt mich, was gibt mir geistigen und körperlichen Antrieb für die Aufgaben und Arbeiten, die anstehen? Im Garten fällt mir die Antwort auf diese Fragen leicht. Die Liebe zum Garten und die Arbeit darin ist selbst nährend und belebend. Das Tun im Garten hilft mir, Dinge aus den anderen Lebensbereichen in Ruhe zu »bearbeiten« und zu ordnen. In der Mitte des Tages kann ich wie durch einen Garten gehen und schauen, was schon getan ist, und mich daran freuen, Misslungenes bedauern und nach Lösungen Ausschau halten. Mitten am Tag kann ich noch etwas korrigieren. Wahrscheinlich werde ich an den meisten Tagen beides, Gelungenes und Gescheitertes, entdecken können. Aber ich muss innehalten, um von der Mitte aus besser zu sehen.

Mitten am Tag

Halt an,
schau dich um,
wo stehst du?

Halt an,
richte dich aus,
schau in jede Richtung,
die dir als Möglichkeit winkt.

Halt an,
du bist nicht die Mitte,
aber du kannst in der Mitte sein.

Halt an,
spür in den Füßen,
was trägt,
spür bis in die Haarspitzen,
was dich aufrichtet.

Und dann
geh den nächsten Schritt.

Rhythmus

Gartenrhythmen – Gartendienste

Morgens, mittags, abends – in diesem Rhythmus bewegen wir uns durch den Tag. Arbeitszeiten, Schule und Freizeit, Mahlzeiten und eigene Energiekurven orientieren sich daran. Auch wenn ich mich aufs Gärtnern eingelassen habe, bin ich nur in bestimmten Bereichen die »Bestimmerin«. Ich kann zwar tun, was ich will, und könnte auch willkürlich bestimmen, wann ich was tue. Ich kann durch Bepflanzung Farben und Gerüche, Licht und Schatten, Blatt und Blüte wählen, aber ein Garten lebt dennoch im Rhythmus der Jahreszeiten und seiner Bewachsung. Der Garten gibt mir einen Rhythmus vor. Nur wenn ich diesen erkenne, aufnehme und mich darin bewege, wird es ein gedeihliches Miteinander zwischen mir und der Natur. Es gibt heute Spielräume im jahreszeitlichen Rhythmus. Mit Frühbeeten und Gewächshäusern kann ich die Wachstumszeit nach vorn und nach hinten verlängern. Aber den Rahmen muss ich respektieren. Gießen sollte ich früh am Morgen oder abends, aber nicht mittags. Im frühen Frühjahr muss ich jeden Tag neu – je nach Temperatur – das Gewächshaus wässern und belüften oder geschlossen und in Ruhe halten. Meine ganze Aufmerksamkeit ist gefordert, im Garten zu erkennen, wo ich gerade tätig werden muss oder kann und wo ich wachsen lassen und schauend genießen darf.

Gartenrhythmus – Tagesrhythmus – Lebensrhythmus

Ein Garten hat starke und schwächere Zeiten. Manche Gärten erfahren so viel Pflege und Gestaltungsarbeit, dass jede Jahreszeit Üppigkeit vermittelt. Bei anderen gibt es Höhepunkte im Wachstumsjahr. Jede Jahreszeit gibt dem Garten ein eigenes Maß an Licht, Wärme und Wasser und entsprechend der Pflanzenschwerpunkte kann es Frühlings-, Sommer- und Herbstgärten geben, die in einer der Zeiten ihr Höchstmaß an Schönheit und Fruchtbarkeit entfalten. Vielleicht gibt es sogar Gärten, die im Winter am schönsten ihre innere Struktur zeigen, wenn weder Blätter noch Blüten dieses filigrane Gerüst verdecken.

Wir selbst tragen in uns auch so ein »Zeit-Energie-Gerüst«. Es gibt Morgenmenschen, die mit dem Aufstehen anfangen zu »blühen«. Andere erreichen bis zum Mittag ihre Hochform und es gibt Abendmenschen, die dann ihre kreativen Kräfte entfalten, wenn andere schon müde sind. Auch da gilt es wie im Garten, jede Zeit sinnvoll zu nutzen – auch die energieschwache – und Spielräume auszudehnen. Im Garten wie bei sich selbst ist es wichtig, die Rhythmen zu kennen und das Richtige zur richtigen Zeit zu tun. Der Garten ist für mich ein wichtiger Ort, um diese Aufmerksamkeit einzuüben. An einem Tag im Garten bin ich eher meine eigene Herrin als in der Berufs- und Familienarbeit. Im Garten kann ich deutlicher meinen ganz eigenen Rhythmus erkennen und leben.

Zum Rhythmus gehören wesentlich die natürlichen Unterbrechungen. Mit dem Mittag ist die Hälfte des Tages vorüber. Es ist schon etwas geschafft. Ich kann zurückschauen – zufrieden und erfreut oder ungeduldig und unzufrieden. Ich kann nach vorne schauen und mir für die zweite Hälfte noch etwas vornehmen. Diese Chance innezuhalten – mitten am Tag – möchte ich nicht missen. So sehr ich es liebe, in der Gartenarbeit aufzugehen, mich und die Zeit zu vergessen, so wichtig ist es mir, dann auch wieder »aufzutauchen«. Auf diese Weise bleibe ich dankbar für das, was mir gelingt und was nicht selbstverständlich ist. Und ich bleibe aufmerksam für alles, was mir misslingt und was ich besser machen kann.

Viele Arbeitszeiten weichen diesen Rhythmus auf, es gibt Schichtdienste, die diese Zeitabschnitte außer Kraft setzen und dem Menschen andere Arbeitsphasen zumuten. Gerade dann ist es wichtig, die Pause und die Mitte einer Arbeitszeit ernst zu nehmen und nicht wegfallen zu lassen.

Rhythmus schafft und schenkt Grenzen

Der Garten kann heilsam auf diese Ordnung hinweisen. Bestimmte Samen brauchen bestimmte Aussaatbedingungen wie Temperatur und Licht. Wenn auf Samentütchen bestimmte Wochen für die Aussaat empfohlen werden, besteht immer noch ein Spielraum. Aber für manche Pflanze und Saat ist es irgendwann im Frühjahr zu spät. Die Zeit zum Aufgehen, Wachsen und Reifen reicht dann nicht mehr. Das bringt mich in manchem Frühjahr in Bedrängnis. Gerade wenn ich viel im Garten sein müsste, gerade wenn die Witterung genau richtig wäre, zum Beispiel für das Pflanzen von Lauch, muss ich meiner Berufsarbeit nachgehen oder ist in der Familie Präsenz gefordert. Der Garten und die Pflanzen nehmen keine Rücksicht auf mein Leben. Sie zeigen mir mit ihren Rahmenbedingungen auch meine Grenzen. So gibt es eben in einem Jahr bestimmte Blumen nicht, aber dafür andere: Es geht nicht immer alles.

In solchen Zeiten bin ich dankbar für alle mehrjährigen Stauden, die einfach wieder kommen, und ich bin erfreut über alle im vergangenen Jahr ausgefallenen Samen, die – nach ihrem eigenen Rhythmus – von selbst aufgehen.

Säen – wachsen – reifen – ernten

Und jedes Jahr wieder … Es gibt Gartenjahre, in denen Zweifel aufkommen. Lohnt es sich wirklich, jedes Jahr aufs Neue die vielen Vorbereitungsarbeiten zu tun, wieder zu säen, zu pikieren, zu pflanzen, Verluste hinzunehmen, zu hoffen, zu arbeiten?

Diesen immer wiederkehrenden Kreislauf muss ich tatsächlich lieben, um die Arbeiten gern zu tun. Und das ist ja nur die vertraute Seite des Kreislaufs. In diesem Rhythmus von säen, wachsen, reifen und ernten gibt es in jedem Jahr sehr viele Unbekannte, allein das Wetter beschert immer wieder neue Überraschungen. Kein Jahreskreis ist gleich, deshalb wirken die »altbekannten« Elemente, die wieder kommen, schon fast beruhigend.

Es beginnt mit der Aufbauarbeit, dem Hacken, Beete Säubern und Vorbereiten. Dann geht es ans Säen und Pflanzen. Die Zeit der Pflege und des Wachsens mit Gießen, Jäten, Schattieren und Auslichten ist oft die Zeit der Spannung: Was wächst an und gedeiht? Wird das Wetter dem Wachstum zuträglich sein?

Wenn alles Nötige getan ist, muss ich warten – »wachsen lassen«! Und dann kommt es auf den aufmerksamen Blick für die Reife einer Frucht an und auf die Geduld, den richtigen Zeitpunkt der Ernte zu erwarten: Was muss, wann kann und darf geerntet werden?

Das Aufräumen beschließt das aktive Gartenjahr: Beete ableeren, Kompost füllen, umsetzen, Büsche und Bäume beschneiden, den Garten für den Winter vorbereiten.

Morgen – Mittag – Abend

Wir sind inzwischen in der Lage, die Rhythmen der Natur zu durchbrechen. Wir erwärmen unser Klima, wir essen immer alles, ob es den Jahreszeiten entspricht oder nicht. Wir verlängern den Tag durch das künstliche Licht – für unsere Freizeit, aber auch im Produktionsbereich. Maschinen können Tag und Nacht produzieren.

Im Bund mit Noah (dieser Name hat im Hebräischen den gleichen Wortstamm wie Ruhe) sagt Gott zu, dass nach seinem Willen der Rhythmus des Lebendigen nie mehr aufhören solle: »Solange die Erde besteht, sollen nicht aufhören Aussaat und Ernte, Kälte und Hitze, Sommer und Winter, Tag und Nacht« (Genesis 8,22). Uns sind Rhythmen geschenkt von Tag und Nacht, von Jahreszeiten, von Wachstumszeiten und Brache, von Arbeit und Ruhe. Wir sind mitverantwortlich, dass wir uns und der Schöpfung diese Rhythmen gönnen, weil wir sie brauchen.

Für den inneren Garten

Wahrscheinlich leben Sie – so wie ich – in verschiedenen Rhythmen und nicht alle können Sie beeinflussen. Im Laufe des Lebens ändern sie sich auch immer wieder.

Das, was kleinen Kindern zugestanden wird – dass sie »eine Ordnung« brauchen beim Schlafen und Wachsein und beim Essen –, das sollten wir für unser erwachsenes Leben auch ernst nehmen. Das Vorbereiten des Gartens, das Säen, das Wachsen und Ernten und das Aufräumen könnten auch der innere Rahmen eines Tages sein. Wenn ich den Tag am Morgen bewusst anfange mit einem Ritual, einer stillen Zeit oder einem Gebet, kann »etwas gedeihen«. Am Abend den Tag »aufzuräumen« verhilft vielleicht zu einem guten Schlaf. Das passt bei vorgegebenen Rhythmen in der Berufsarbeit genauso wie in der Familienarbeit. Die Zäsur des Mittags dient dem Blick zurück und nach vorn.

Das wird nicht immer gelingen. Besondere Ereignisse können jede Ordnung außer Kraft setzen, bis in die Formen des geistlichen Lebens hinein. Aber wenn ich um den Wert des Rhythmus' in meinem Leben weiß, werde ich immer wieder hineinfinden und gegebenenfalls etwas verändern, wenn es notwendig ist. Gerade in unruhigen oder gar chaotischen Zeiten ist es für mich tröstlich und heilsam, wenigstens an kleinen vertrauten Zeiten festzuhalten, in die ich mich hineingeben kann, ohne viel überlegen zu müssen, bis der Lebensrhythmus wieder tragender wird. Das kann eine Stunde im Garten sein oder was auch immer gut tut.

Mitten am Tag

Ich werde still.
Gott meines Lebens,
ich finde mich vor dir ein mitten am Tag.
Mit meinem Leib, mit meinem Atem,
mit meinem Denken und Fühlen,
so wie ich jetzt bin.
Mit jedem Ein- und Ausatmen möchte ich stiller
und hörender werden.
Ich möchte mich von dir einladen lassen innezuhalten.

Ich bin gefüllt mit allem, was der Tag bis jetzt gebracht hat.
Ich lasse diesen Vormittag noch einmal an mir vorüberziehen,
Stunde um Stunde, Ort für Ort, Begegnung für Begegnung.
Ich lasse alle Geschehnisse, Gedanken und Gefühle
noch einmal aufsteigen.

Ich will dich loben mit allem,
was heute den Glanz deiner Gegenwart hatte.
Ich will dir danken für alles,
was ich tun konnte und was mir gelungen ist.

Barmherziger, schenke mir Versöhnung und Heilung,
wo ich meine Kräfte überschätzt habe.
Schenke mir Versöhnung und Heilung
für alles Halbherzige und Gleichgültige,
für alles Hetzen und Drängen,
das mich von dir entfernte.

So bringe ich diesen Tag in der Mitte vor dich:
Nimm du ihn an.
Gib mir Zuversicht und Vertrauen
in deine Gegenwart:

für den zweiten Teil dieses Tages,
für alles, was ich tun kann,
für alles, was mir geschenkt wird.

Am Nachmittag

Ordnung

Über Ordnung und darüber, was Ordnung ist, kann man bekanntlich streiten. Dies gilt genauso für die Frage, wie ein ordentlicher Garten aussieht. Für die einen ist ein ordentlicher Garten regelmäßig gepflegt, sind die Rasenflächen gemäht und die Beete unkrautfrei. Die Struktur von Zier- und Nutzgarten ist gut erkennbar, Gartenwege, Werkzeughütte, Komposte sind praktisch und gut zugänglich, es wird mit einem Pflanzplan gearbeitet. Für die anderen gehören Brennnessel und Löwenzahn auch dazu, im Herbst bleiben Laub- und Asthaufen für Wintergäste liegen. Um der wilden Schönheit willen darf auch eine Distel bis zur Blüte stehen bleiben, Verblühtes wird nicht gleich abgeschnitten und steht trocken und bizarr in der Winterluft, mal mit, mal ohne schmückenden Raureif.

In beiden Fällen – und dazwischen gibt es noch viele Varianten – ist es eine menschliche (Un-)Ordnung, die im Garten mehr oder weniger herrscht und lenkt.

Die Ordnung Gottes vom Anfang

Die Bibel erzählt uns von einem chaotischen Anfang der Schöpfung. Die Welt war ursprünglich im Chaoszustand – im Hebräischen steht *tohuwabohu* – und das bedeutet nicht nichts, sondern eher alles, aber ungeordnet und durcheinander. Ich verstehe dieses Chaos am Anfang als die unendliche Potenz aller Möglichkeiten.

Über dem *tohuwabohu* schwebt der Geist Gottes und haucht dieser Welt ihre Seele ein. Gott hat also Anteil an dieser chaotischen Wirklichkeit, aber gleichzeitig ist er die Kraft, die das Chaos diszipliniert und sich zum lebendigen Prinzip der Schöpfung erhebt. Aus dem Chaos des All-Möglichen differenzieren sich das Licht und das Dunkel, Erde und Wasser und schließlich alles, was auf Erden wächst und lebt. Gott wirkt mit einer differenzierenden Kreativität als ein ordnender und Sinn stiftender Schöpfer.

Dieser Prozess vom Weltenchaos zur Schöpfungsordnung findet sich auch in den Nachbarkulturen des alten Israel, zum Beispiel in Ägypten. *Ma'at* ist einmal die Hieroglyphe für Wahrheit und Gerechtigkeit, die zum Sockel wird, auf dem der Gott Ptah steht, dem – ähnlich wie dem Gott JHWH – zugesprochen wurde, dass er durch das Wort erschafft. Aber Ma'at ist auch eine weibliche Gottheit, die für die Einhaltung der Weltordnung steht und das Maß ist für die Beurteilung eines Menschenlebens beim Gericht über die Toten. Was hat das mit einem Garten zu tun? In einer der beiden biblischen Schöpfungsgeschichten ist die erste Ausdrucksform einer möglichen Schöpfungsordnung ein Garten. Aus der unendlichen Vielfalt des Möglichen entsteht etwas Geordnetes, Begrenztes und Lebensförderliches. Es gibt Pflanzen und Bäume, Tiere und vor allem Wasser. In diesem Garten herrscht »paradiesischer« Friede.

So viel Ordnung wie möglich, so viel Chaos wie nötig – oder andersherum?

Ein verwildernder Garten kehrt nicht zurück zum Chaos, sondern zu den ihm eigenen Bedingungen: Die empfindlichen Pflanzen verschwinden, die widerstandsfähigen und fruchtbaren Pflanzen breiten sich aus. Es entsteht eine neue – wilde und menschenunabhängige – Ordnung, die für das menschliche Auge nicht auf den ersten Blick erkennbar ist. Tiere ziehen in diesen Garten ein, die in der menschlichen Ordnung keine Rückzugsmöglichkeiten hatten: größere Tiere wie Igel, Mäuse, Eichhörnchen, Kaninchen und Vögel oder die kleinen wie Eidechsen, Frösche und Kröten, aber auch seltene Käfer, Spinnen, Wespen und Schmetterlinge.

Ein schöner, geordneter Garten kann durchaus naturnah sein, aber er bleibt ein Menschengarten, der von den Bedürfnissen und den Vorstellungen des jeweiligen Menschen geprägt ist.

Wenn ein Garten groß genug ist, kann ich den Gartenraum mit der »wilden Natur« teilen und einen Bereich des Gartens all denen zur Verfügung stellen, die auch in diesem Garten wohnen und leben wollen.

In botanischen Gärten gibt es diese Vielfalt. Ich freue mich bei einem Spaziergang an den angelegten Blumenrabatten, die je nach Jahreszeit kleine gärtnerische Kunstwerke darstellen. Ich staune beim Blick in die verwilderten Ecken, welche Stauden und Wildblumen sich dort durchsetzen und ihre eigenwillige Schönheit zeigen.

Menschenfreundliche und gartenfreundliche Ordnung

Die Theologin Ina Praetorius hat sich immer wieder Gedanken über die Ordnung und Sinn stiftende Qualität von alltäglichen Arbeiten gemacht. Sie wurde dabei vor allem von der Vielfalt hauswirtschaftlicher Tätigkeiten inspiriert. Ich möchte es erweitern auf die Arbeiten im Garten. Mir sind bei ihren Überlegungen mehrere Dimensionen deutlich geworden, die auch zur Gartenarbeit passen: die wiederkehrenden Rituale im Jahreskreis, soziale Beziehungen mit meinen Nachbarinnen und Nachbarn und allen, die durch meine Gartenarbeit Lebensqualität gewinnen – sei es ganz konkret durch das angebaute Obst und Gemüse, sei es einfach durch das Schauen –, und die Balance zwischen Wildnis und Ordnung. Gerade diese letzte Dimension, der Umgang mit Wildnis und Ordnung, ist mir wichtig für den Garten und für mein Leben.

Jäten und hacken im Garten sind manchmal klärende Arbeiten. Indem ich in den Beeten »Ordnung schaffe«, sortiert sich auch in meinem Inneren ein Bereich, der durcheinander geraten ist oder in dem Wildes wuchert. Doch nur um des inneren Sortierens willen kann ich in meinem Garten nicht endlos »ordnen« und »aufräumen«. Denn auch im Garten ist Leben, das ein eigenes Recht auf Wachstum und Freiheit hat. Wenn ich weise bin, habe ich beides – mich und die Pflanzen meines Gartens – im Blick.

Ina Praetorius schreibt über die Ordnung: »Mein Denken, Schreiben und Frommsein käme mir seltsam vor, wenn ich mich nicht hin und wieder damit befassen würde, die menschenfreundliche Ordnung herzustellen, von der ich weiß, dass sie sich bald wieder in heilsame Unordnung verwandeln wird. Die Astronomen streiten sich heute, ob das erste Gesetz des Himmels tatsächlich die Ordnung ist oder vielmehr das Chaos? Vielleicht beides? Oder eine Ordnung, die sich nicht im zwangsweise täglichen Fensterabstauben spiegelt, sondern in einem Haushalten, das den Wunsch wirklicher Menschen nach Zuhausesein zu seinem Maßstab macht?« (Ina Praetorius, Die Welt: ein Haushalt, Mainz 2002, 202)

Das erlebe ich auch im Garten. Wenn ich mich immer wieder – eigenhändig im Jäten und Hacken – um mein Maß an Ordnung bemühe und gleichzeitig die Grenzen ignorierende Vitalität der Pflanzen respektiere, vermeide ich, Ordnung zu überhöhen oder sie zu bagatellisieren.

Heilsame Ordnung

Auch für Pflanzen gibt es eine heilsame Ordnung. Möhren und Zwiebeln unterstützen sich gegenseitig, indem sie einander vor kleinen fliegenden Schädlingen beschützen. Ringelblumen halten den Boden von Würmern frei, die die Wurzeln der Nutzpflanzen anfressen. Ringelblumen und Kapuzinerkresse als Bepflanzung der Baumscheiben tun den Bäumen gut. Ebenso ist es heilsam, wenn bestimmte

Pflanzen, die sich nicht vertragen, mit nötigem Abstand gepflanzt werden, zum Beispiel Zwiebeln und rote Beete. Diese Erfahrungswerte im Gartenleben kann ich ähnlich für meine Beziehungen zu verschiedenen Menschen nutzen: unterstützende Nähe und verträgliche Distanz sind wie zwischen Pflanzen auch zwischen Menschen heilsam.

Mein Maß

Ordnung und Unordnung können knechten und heilen. Eine Ordnung, die mir täglich neue Lasten auferlegt, die ständige Aufmerksamkeit erfordert, knechtet und nimmt mir die Freude. Unordnung, die aus Untätigkeit und »Faulheit« entsteht, knechtet auch, spätestens, wenn ich sie mühsam beseitigen will. Befreiend ist das richtige Maß, mein Maß, das zu mir und meinem Garten passt, uns wohl tut und für das ich verantwortlich bin. Ich und mein Garten bestimmen dieses Maß, nicht das Fachbuch und nicht die wohlmeinenden Nachbarn.

Für den inneren Garten

Der Zenit des Tages ist überschritten, mindestens die halbe Energie ist verbraucht. Was hilft jetzt? Kann ich einfach weitermachen? Soll ich noch einmal neu die anstehenden Aufgaben und Arbeiten sortieren? Gerade wenn die Konzentration abnimmt, hilft mir eine gewisse Ordnung, sei es eine Zeitstruktur, ein ordentlicher Schreibtisch oder eine Vorhabenliste. Wenn denkerisch und konzeptionell nichts mehr geht, hilft es mir, aufzustehen, etwas aufzuräumen oder einen Ablagestapel zu sortieren. Am schönsten ist es, in den Garten zu gehen, ein bisschen zu zupfen, da ein paar vertrocknete Blüten abzuzwicken, dort ein Pflänzchen aufzurichten. Das ist dann keine Gartenarbeit im üblichen Sinn. Ich bewege mich vielmehr durch den Garten und mit den kleinen ordnenden Tätigkeiten sortiert sich – im Abstand – ein anderer Lebensbereich.

Der Zenit des Tages ist überschritten und die Hälfte der Zeit, die mir an diesem Tag zur Verfügung steht, verstrichen. Bei der Frage, was noch »geht«, ist mir wichtig geworden, auch Zeit für den Abschluss von Begegnungen oder Tätigkeiten einzuplanen. Das Aufräumen gehört dazu und ermöglicht mir einen entspannten Abend.

Gott meiner Jahre, meiner Tage,
meiner Stunden und Sekunden,
Gott meiner Straßen, meiner Wege und meiner Pfade,
Gott der Städte, meines Ortes,
meiner Wohnung, meines Zimmers:
Du sicherst mir zu,
dass nichts davon verloren geht,
dass meine Schritte zählen,
dass du alle Zeit bei mir bist.

Ich kann dich entdecken
in der Unendlichkeit des Raumes,
in der Schönheit eines Kristalls,
in der Logik einer Rechenformel,
in der Konstruktion einer Maschine.
Ich kann dich entdecken
in der Fünfzahl der Apfelblütenblätter,
in der Symmetrie eines Buchenblatts,
in der zartgrünen Linie aufgehender Saat,
in der Rosette des Breitwegerich
auf den Gartenwegen.
Ich kann dich entdecken
in der verborgenen Ordnung
wilder Natur,
im Schattenspiel wild wuchernder Ranken.

Gott meines Lebens,
du bist das Maß der Schöpfung
und du willst Leben in Fülle.
Schenke mir in meinem
Mühen um Ordnung
immer wieder die Freude
über die Lebendigkeit
und die Freiheit aller Geschöpfe.

Verluste

Die Vitalität, Grünkraft und Regenerationsfähigkeit von Gärten bringen mich zum Staunen. Gärten sind Orte des Lebens. Als irdisches Abbild des paradiesischen Urgartens schenken sie uns Vertrauen in die Natur und das Wachstum. Gärten werden aber plötzlich verletzbar, wenn die Umweltbedingungen sich drastisch ändern. Ein Gewitter mit Hagelschlag reicht, um die Hinfälligkeit und Empfindlichkeit von grünen Gewächsen innerhalb kürzester Zeit sichtbar werden zu lassen.

Überdurchschnittlich lange Regenperioden überschwemmen die Beete und Pflanzen »ertrinken«. Ein Sommer ohne ausreichenden Regen ist noch in der nächsten Vegetationsperiode zu sehen, zum Beispiel an der spärlicheren Belaubung der Bäume und Büsche. Dies zeigt: Unsere Gärten sind keine geschützten Paradiese, keine göttlichen Gärten an einem Ort mit »göttlichem« Wetter. Gärten sind verletzlich.

Klage gegen die Feinde

Wenn es um Verluste im Garten geht, hat das verschiedene Dimensionen. Es gibt zum einen unwillkommene Mitbewohner und Mitnutzer im Garten. Die ungeliebtesten sind die Schnecken. Sie haben kein leichtes Leben und ein schlechtes Ansehen. Sie können nicht einmal mit einem netten Aussehen oder einem Pelzchen unsere Sympathie wecken. Es gibt wenige Tiere (außer den Stechmücken), die saisonal so häufig zum Gesprächsthema werden. Schnecken fressen zwar auch Verwelktes und Abgestorbenes, die meisten, vor allem die Nacktschnecken, fressen aber lieber Zartes und Frisches. Schnecken, Läuse und Wühlmäuse, Mehltau und Raupen, Pilzkrankheiten und Kaninchen holen sich ihren Anteil im Garten. Es gibt Jahre, die sind so von Verlusten geprägt, dass es zum Verzweifeln ist. Es gibt da wenig

Trost. Was gefressen, von Hagel oder Hitze zerstört wurde, was misslungen ist, fehlt für ein ganzes Jahr. Ab einem bestimmten Zeitpunkt im Sommer reicht die warme Zeit nicht mehr aus, dass bestimmte Blumen und Gemüsearten noch gedeihen, und es gibt selbst beim Gärtner keine Pflänzchen mehr zum Nachpflanzen. Ich muss mich dann dem Rhythmus der Natur und des Jahres ergeben. Manchmal gibt es von Freunden und Freundinnen, die kein Verlustjahr im Garten erleben, doch noch ein paar »Trostpflanzen«, die den Garten füllen.

Auch Nachbarn können die Freude am Garten verderben. Vielleicht ist es ja gut gemeint, aber ein Nachbar, eine Nachbarin, die den sichtbaren oder unsichtbaren Zaun nicht respektiert und sich im fremden Garten betätigt, gehört zur Verlustseite. Es ist ein Einbruch in einen geschützten Raum.

Gärten – ein Aspekt zerbrechlichen Lebens

In den prophetischen Mahnreden der Bibel ist die Konsequenz der Abwendung von Gott, der Untreue gegenüber dem geschlossenen Bund mit dem Drohbild der Verwüstung des Landes gekennzeichnet (zum Beispiel Jesaja 6; Jesaja 13), der Verwüstung durch Kriege und wirkliche Ver-Wüstung, weil das Wasser nicht mehr fließt, weil Regen und Tau vom Himmel verweigert werden. Die Verheißungen der messianischen Zeit sind die blühenden Gärten (zum Beispiel Jesaja 32). Ein Garten rettet nicht die Erde, aber er ist eine Spur der messianischen Verheißung, ein Puzzleteil des Paradieses mitten in Verlustzeiten der Erde.

In unserem Klimabereich führen im Gegensatz zu anderen Ländern und Kontinenten Verluste im Garten nicht zur Existenzkrise und Katastrophe eines ganzen Landes. Aber in landwirtschaftlichen Krisenzeiten oder in und nach Kriegen dienten private Gärten wesentlich zur Bereicherung des Speiseplans in der Bevölkerung. Die im 19. Jahrhundert initiierten Schrebergärten, die sich im Lauf der Zeit zu Kleingarten-Kolonien entwickelten, waren in kargen Zeiten notwendend.

Gärten sind also beides: Sie sind ein empfindlicher Teil der Natur und gleichzeitig der unaufhörliche und friedliche Versuch, Verluste auszugleichen.

Der schützende Zaun

Gärten sind abgegrenzt von Wildnis, Wüste oder Weite. Ein Erdwall, ein Zaun, eine Hecke begrenzen diesen Raum, ein Tor bildet den Zugang. Der Begriffskreis »Garten« umfasst viele Wortbilder: Zaun, Hof, Wall, Gehege, umschlossene Wohnstätte, Hain, Oase, Labyrinth, Heiligtum. Alle diese Begriffe deuten auf einen geschützten Raum hin.

Das Hohelied in der Bibel spricht vom verschlossenen Garten, vom *Hortus conclusus*. »Ein verschlossener Garten ist meine Schwester Braut, ein verschlossener Garten, ein versiegelter Quell. Ein Lustgarten sprosst aus dir, Granatbäume mit köstlichen Früchten, Hennadolden, Nardenblüten, Narde, Krokus, Gewürzrohr und Zimt, alle Weihrauchbäume, Myrrhe und Aloe, allerbester Balsam« (Hohelied 4,12–14). Im Mittelalter gab es solche geschlossenen Gärten mitten im großen Garten: ein intimer Blumen- oder Rosengarten, der oft den Frauen vorbehalten war, als Rückzugsort aus dem Getriebe des Alltags. Zaun und Gartentor bilden eine Grenze, mal als Schutz, mal als der Ort, wo ich eine Einladung aussprechen kann und das Tor für Besuch öffne.

Abschied und Loslassen

Zu den Verlusten zählt für mich auch der Abschied vom Garten. Jeden Spätherbst nehme ich Abschied. Den Hausgarten sehe ich täglich vom Fenster aus und betrete ihn auch im Winter, um den Kompost hinauszubringen. Aber ich lasse den Garten in Ruhe. Es ist meist ein versöhnlicher Abschied. Den großen Teil der Aufräumungsarbeit habe ich geschafft, der Rest wartet auf mich im Frühling. Ich kann den Garten »lassen«.

Der Abschied von Büschen und Bäumen, die entfernt werden müssen, ist schwerer. Bei aller gärtnerischen Vernünftigkeit einer solchen Entscheidung bleibt das Gefühl des Verlustes.

Ich musste auch schon Gärten loslassen und mich endgültig verabschieden. Ein Umzug bringt neben dem Auszug aus einer vertrauten Wohnung auch das Loslassen eines bestimmten Gartens mit sich. Einzelne Pflanzen, Stauden und Büsche kann ich mitnehmen, aber es wird ein neuer Garten sein, mit dem ich mich erst wieder anfreunden und vertraut machen muss. Und der alte Garten behält ein Stück von mir – in seiner Prägung, seinem Bewuchs, seiner Gestalt.

Wie wird es sein, wenn ich einmal alle Gärten aufgeben muss, weil ich so alt oder so gebrechlich bin, dass Gartenarbeit nicht mehr möglich ist? Wird es mich trösten, wenn ich »meinen« Garten weitergeben kann?

Beim Abschiednehmen und Loslassen fühle ich mich dem biblischen Motiv der Vertreibung aus dem Paradies sehr verbunden: Eva, die erste Gärtnerin, muss den Urgarten verlassen. Aber Hoffnung besteht: Maria von Magdala findet den Auferstandenen in einem Garten wieder (Johannes 20).

Für den inneren Garten

Ein Garten ist eine gute Lehrwerkstatt, den Umgang mit Verlusten einzuüben. Ich bin zornig, wenn mutwillig etwas zerstört oder weggenommen wurde. Nicht immer findet der Zorn den richtigen Adressaten oder die Adressatin, aber dieser Zorn ist ja in diesem Moment auch Ausdruck dafür, was mir am Herzen liegt. Dafür setze ich mich leidenschaftlich ein und ereifere mich über unrechtes Verhalten.

Und es gibt auch die Trauer um ein Gewächs, das nicht gedeiht oder vom Wetter so geschädigt wurde, dass ich es entfernen muss. Diese Trauer ist verbunden mit dem tiefen Wissen um die Kreisläufe der Natur. Da wird ein Baum gefällt und es tut sich ein lichter Ort auf, ein Blick wird frei, ein junger Baum bekommt seine Entfaltungschance.

Im Garten darf ich diese Geschehnisse miterleben, in meinem Leben bin ich selbst diejenige, die einen neuen Platz einnimmt oder einen Raum freigibt. Es ist gut, wenn dies in Freiwilligkeit geschehen kann, es ist tröstlich, wenn ich – irgendwann – zustimmen kann.

Gefühle sind für mich im Garten gut aufgehoben. Meine Freude und meine Leidenschaft, aber auch meine Traurigkeit.

Und angesichts der immer möglichen und immer drohenden Verluste rät mir der Garten: Suche nicht ständig nach noch Schönerem und Größerem, sondern lebe jetzt in dem, was dir gegeben ist.

kostenlose Verwertung von Verwelktem und Abgeschnittenem.

Geschenk der Natur

Das Besondere am Kompostieren besteht in der Wertschätzung von allem, was es in einem Garten gibt. Alles, was ich im Lauf eines Gartenjahres abschneiden muss, alle Wildkräuter, die ich jäte, alles Verwelkte, Äste und Grasschnitt sind nicht wertlos. Wie erstaunlich und tröstlich ist es, dass es kaum etwas im Garten gibt, was nicht kompostiert werden kann oder was für den Kompost schädlich ist. Und selbst dieses Wenige kann ich trocknen lassen, verbrennen und als Asche in den Kompost geben. Der Kompost nimmt alles auf.

Als ich meinen ersten Kompost im Garten »erntete«, war ich fasziniert von der guten Erde, die vor mir lag. Kompostwürmer, Asseln, Käfer und mikroskopisch kleine Lebewesen verwandeln übers Jahr die Pflanzenreste in Humus. Ich muss nur warten können. Die Verwandlung braucht ihre Zeit. Und wie von selbst kam mir der Gedanke, dass es schön wäre, wenn ich mit Abfällen anderer Lebensbereiche auch so umgehen könnte. Und ich entdeckte, dass es diese Verwandlungen schon gab: Scheinbar Misslungenes, endgültig Aufgegebenes wirkte nachträglich befruchtend und stärkend auf neue »Triebe«.

Einfach alles auf einen Haufen – aber es geht auch kunstvoll

Meine ersten Kompostergebnisse ohne jegliche Vorerfahrung waren wie ein Geschenk der Natur. Alle Gartenabfälle im Herbst landeten auf einem Haufen – grob zerkleinert und unsortiert. Es funktionierte trotzdem. Inzwischen befasse ich mich genauer mit den Bestandteilen des Komposts. Vieles muss klein geschnitten werden und die meisten Gartenabfälle muss ich tatsächlich noch einmal in die Hand nehmen. Grünes und Holziges muss sich abwechseln. Es entsteht ein ordentlich geschichteter Kompost und die »Abfallecke« bekommt Ansehen. Verwelktes und Abgeschnittenes sind nicht mehr lästig, sondern verheißen gute Erde.

Der Mensch als gute Erde

Das Phänomen, dass Abfälle sich als äußerst nützlich erweisen, wenn ich sie einsammle, sorgfältig zerkleinere und dann ruhen lasse, gehört zu den wunderbarsten Lehrstücken, die der Garten für mein Leben bereithält. Ich kann im Garten die Abfälle nicht einfach liegen lassen, mich umdrehen und weggehen. Ich muss das, was am Ende eines Wachstumsjahres übrig bleibt, was im Gartenjahr an Verwelktem anfällt, anschauen und auch Misslungenes registrieren. Aber dann stellt mir die Natur ihre erstaunliche Fähigkeit zur Verfügung, auch aus Abfällen etwas Nützliches entstehen zu lassen: Mit etwas lebendigem »Mutterboden« dazwischen können sich Reste wandeln. Wir sind – wie unsere Gärten – nicht vollkommen. In der Tages- oder Jahresernte oder in der Gewissenserforschung sehe ich Erfolge und ebenso Schuld und Versagen. Es ist dann gut, die Abfälle – das Misslungene und Übriggebliebene – noch einmal in die Hand zu nehmen. Vielleicht muss ich es auch noch in kleinere Stücke zerteilen. Dann muss ich dem »Verwandeln« Zeit geben. Und wie beim richtigen Kompost wird manches Verholzte ein paar Mal aus der Komposterde ausgesiebt werden müssen und noch einmal in den Kompost wandern.

Wenn Hildegard von Bingen den Menschen selbst als Erde beschreibt – »der Mensch in seinem guten Gewissen ist als eine gute und köstliche Erde zu verstehen, im schlechten Gewissen aber als harte und steinige Erde« –, wäre der Vorgang des Kompostierens und das Nutzen der gewonnenen guten Erde die Chance, steinige und harte Gartenecken in meinem Leben aufzulockern und zu verbessern. Denn so wie ich weiß, dass immer wieder Abfall entsteht, habe ich die tröstliche Perspektive, dass daraus übers Jahr gute Erde wird, die ich nutzen kann, um Lebensbereiche zum Blühen und zum Fruchten zu bringen.

Für den inneren Garten

»Das Pferd macht den Mist im Stall, und obgleich der Mist einen Unflat und Stank an sich hat, so zieht dasselbe Pferd doch den Mist mit großer Mühe auf das Feld, und daraus wächst sodann schöner Weizen und der edle süße Wein, der niemals wüchse, wäre der Mist nicht da. Also trage deinen Mist – das sind deine Gebrechen, die du nicht abtun, ablegen noch überwinden kannst – mit Mühe und mit Fleiß auf den Acker des liebreichen Willens Gottes in rechter Gelassenheit deiner selbst. Es wächst ohne Zweifel in einer demütigen Gelassenheit köstliche, wohlschmeckende Frucht daraus.«

Diese Gedanken von Johannes Tauler (etwa 1300–1361) gehören zum Lob auf den Kompost. Im Laufe eines Tages kann schon einmal Mist entstehen. Der ist schnell »untergegraben«. Aufs Leben hin betrachtet kann sich aber mehr ansammeln. Tauler spricht nicht von den kleinen Schieflagen, sondern von dem, was wirklich »Mist« ist, was mir an mir immer wieder stinkt – eine Schwäche, eine schlechte Angewohnheit, ein schädliches Verhalten oder Handeln. Diese Abfälle, diesen Mist möchte ich – auch mit Mühe und Anstrengung – auf den Acker der Barmherzigkeit bringen und am Rand lagern.

Dass daraus gute Komposterde wird, kann ich nicht alleine bewirken. Dazu brauche ich helfende Kräfte: Menschen, die mir verzeihen, Menschen, die mir gegenüber wahrhaftig sind, und Gott, der mir seine Barmherzigkeit schenkt.

Gehe ich über die Erde,
sehe ich dein Angesicht.
Du zeigst mir deine unendliche Treue
im festen Boden, der mich trägt.

Greife ich mit meinen Händen
in frische feuchte Erde,
spüre ich deine Schöpferkraft.
Leben schenkst du,
das keimend aus der Erde sprießt.

Vergehendes und Vergangenes birgst du
im dunklen mütterlichen Schoß der Erde –
Anfang und Ende und Anfang.

Du willst, dass ich deine verschwenderische Liebe
schaue, rieche, schmecke, spüre.
Du willst, dass ich der lebendigen Wandlungskraft traue,
die in der guten Erde wohnt.
Du gibst den Bund nicht auf, den regenbogenfarbenen:
dass ich Hüter, dass ich Hüterin der Erde sei.

Am Abend

Trost der Bäume

Vor ungefähr zwölf Jahren zog ich mit meiner Familie in unsere Wohnung in einem Neubaugebiet. Der Baugrund war ein Acker gewesen, weshalb es keinen alten Baumbestand gab. Junge schmale Bäume säumten den Straßenrand. In den Gärten der vielen neu gebauten Häuser gab es nur »Fläche«. Wir pflanzten zwei Obstbäume, doch in den ersten Jahren waren die Sommer ungemütlich in der prallen Sonne. Ich ging in den Hausgarten, um zu arbeiten, aber nicht um mich dort aufzuhalten. Erst im letzten Sommer haben wir uns zwei Liegestühle gekauft, in denen wir nun den Schatten der beiden Bäume genießen. Der Zwetschgen- und der Mirabellenbaum geben dem Hausgarten Atmosphäre. Licht und Schatten können fürs Auge und fürs Gemüt miteinander spielen. Unser Wohnviertel ist grün geworden – auch in der Vertikale. Gärten sind eingewachsen und Hausbäume schmücken die Häuser, die am Anfang so kahl dastanden.

Ein Mensch wie ein Baum

Bäume sind uns Menschen nahe. In ihrem Wachstum entsprechen sie unserem aufrechten Stand und Gang. Wir sprechen von stämmigen, fest verwurzelten oder knorrigen Menschen, kennen Sprichwörter wie »Der Apfel fällt nicht weit vom Stamm« und nennen die Aufzeichnungen unserer familiären Herkunft Stammbaum.

In manchen Familien wird für jedes Kind ein Baum gepflanzt. Ein pflanzliches Geschwister wächst mit. Und wie man bei einem Baum nicht täglich sieht, wie er wächst, so ist es auch beim Menschen: Erziehung und Liebe schaffen Raum für gutes Gedeihen und beseitigen Hemmnisse, sind aber ansonsten geduldig und prüfen nicht ständig den Fortschritt in Wachstum und Reife.

Die griechische Geschichte von Philemon und Baucis illustriert auf ihre Weise eindrücklich die Nähe zwischen Mensch und Baum. Ihre große Liebe und Treue bis ins hohe Alter beeindruckte die Götter so, dass ihnen von Zeus ein gemeinsamer Tod und gleichzeitig ein Weiterleben in zwei beieinander stehenden Bäumen – einer Eiche und einer Linde – geschenkt wird.

Zwischen Himmel und Erde

Bäume verbinden Himmel und Erde. Tief oder flächig in der Erde verwurzelt strecken sie sich mit ihren Kronen in den Himmel. Sie sind in den meisten Kulturen Symbole für das ewige Leben oder Wohnstätten der Götter. Der Baum des Lebens im Paradiesgarten in der jüdisch-christlichen Religion oder die Riesenesche Yggdrasil in der germanischen Mythologie sind zwei Beispiele aus unserem Kulturkreis. Baumhaine oder einzeln stehende Bäume waren heilige Orte. Die Säulen der Tempel und die in Gewölben auslaufenden Säulen in gotischen Kathedralen sind Stein gewordene Erinnerungen an göttliche Heimstätten in der Natur.

Bäume sind auch Wohnorte der Menschen, entweder unter oder in ihren Kronen. Und selbst wenn Menschen nicht mehr »auf den Bäumen wohnen«, gehört das Holz der Bäume neben Lehm und Stein zu den wesentlichen Grundmaterialien für den Hausbau.

Zu Gast unter Bäumen

Schon zweimal konnte ich Exerzitientage in einem Haus verbringen, das einen sehr großen parkartigen Garten mit vielen verschiedenen Bäumen besitzt.

Nachdem ich bei einem Waldspaziergang meine Freude an den Bäumen wieder entdeckt hatte, schaute ich mir auch die Bäume im Garten an und suchte einen, der mich in besonderer Weise als Einzelner »ansprach«. Ich fand ihn, ruhte mich in seinem Schatten aus, saß oder lag zu den verschiedensten Tagzeiten unter ihm und machte mich mit ihm in seiner Gestalt vertraut. Ich wurde ergriffen von der Großzügigkeit des Baumes. Er gewährt seinen Schatten jedem und jeder, die sich darunter setzt. Bäume sind großzügiger als die Menschen. Ich begann, mir vorzustellen, wer sonst noch unter der Baumkrone Platz nehmen könnte. Menschen, die ich sehr mag, aber auch Menschen, die ich nicht eingeladen hätte. Alle hatten Platz.

Bäume laden ein, sie als Versammlungsorte zu nutzen. Sie schaffen durch ihre Größe und ihr Alter auch im Freien eine ruhige und geschützte Atmosphäre. Abraham lässt sich in dem ihm verheißenen Land bei den Eichen von Mamre in Hebron nieder. Dort bewirtet er auch den göttlichen Besuch der drei Fremden, die ihm Nachkommenschaft verheißen (Genesis 13,14–18 und Genesis 18,1–15).

Bäume waren auch offizielle Versammlungsorte. Die Richterin Debora zum Beispiel, von der im Alten Testament erzählt wird, hält im Gebirge Efraim unter einer Palme Gericht. Die Palme galt als Baum des Lebens und der Erkenntnis (Richter 4,4–5). In einem Garten hat ein Baum meist nicht so viel symbolisches Gewicht, aber Gastfreundschaft und Schutz bieten Bäume auch dort. Das gilt für jede Tageszeit. Und wenn es am Mittag der Schatten ist, den ich genieße, ist es am Abend eher das beruhigende oder heitere Zusammensitzen zum Ausklang des Tages.

Nicht du trägst die Wurzel, die Wurzel trägt dich

Bäume werden älter als Menschen und vermitteln uns Verlässlichkeit. Es ist tröstlich zu wissen, dass ein Baum vor meiner Zeit gepflanzt wurde oder selbst aufging und nach mir immer noch da sein wird. Der berühmte Satz vom Apfelbaum, der auch noch am letzten Tag eines Lebens gepflanzt werden kann, überschreitet die Grenzen der menschlichen Natur. So wie ich von den Bäumen meiner Ahnen und Ahninnen lebe, spüre ich die dankbare Verpflichtung, das gleiche für meine Nachkommen zu tun.

Wenn ich unter einem Baum sitze, ruhe ich auf der Wurzel. Ich lehne mich an den Stamm und werde von der Krone behütet. Es ist wie ein Bild von der offenen Hand Gottes: ein beschirmendes Dach, ein Stamm zum Anlehnen, der Wurzelgrund als Fundament. Und es bleibt mir der freie Blick nach vorn, in die Weite, wenn ich wieder losgehen will. Im Bild der Wurzel stecken Sehnsucht nach Heimat, das Wissen um die eigene Herkunft und das Wissen um das Eingebundensein in eine Geschichte. Neben der Verwurzelung spüren wir Menschen aber auch die Sehnsucht nach Weite und Weg. Diese Sehnsucht ist eher im Vogelnest in der Baumkrone zu finden. Ich bin zu Gast unter dem Baum, ich bin geborgen in der Hand Gottes, um dann wieder weiterzugehen. Wurzeln und Flügel machen mich aus.

Einmal werden die Bäume Lehrer sein

»Kommt an den Tisch unter Pflaumenbäumen«, so fängt ein Lied von Franz Josef Degenhardt an. Es reiht sich ein in die vielen Lieder, die von den Erfahrungen der Menschen mit Bäumen handeln. Der Lindenbaum vor dem Tor, die klingenden Lieder im Eichengrund und andere Volkslieder besingen Freude, Trost, Schutz und die Gemeinschaft, die Bäume anbieten. Dorothee Sölle betont diese friedliche und Frieden schaffende Großzügigkeit der Bäume und wünscht sich, dass wir von den Bäumen lernen:

Vom Baum lernen
Der jeden Tag neu
Sommers und Winters nichts erklärt
Niemanden überzeugt
Nichts herstellt.

Einmal werden die Bäume Lehrer sein
Das Wasser wird trinkbar
Und das Lob so leise
Wie der Wind an einem Septembermorgen.
Dorothee Sölle

Der Trost der Bäume im Herbst

In jeder Jahreszeit zeigen sich die Bäume anders. Das Herbstlaub ist der tröstende Abschied vom Sommer. Der grüne Farbstoff der Blätter, das Chlorophyll, wird abgebaut und die Chloroplasten, andere Zellteile des Blattes, kommen zum Vorschein. Wenn das Blattgrün schwindet, entfaltet sich eine andere Schönheit. Die Chloroplasten enthalten rote und gelbe Farbstoffe und bringen die Gärten zum feurigen Leuchten: ein chemischer Abbauprozess, der uns eine Augenweide schenkt.

Und wenn die Blätter endgültig fallen, klärt sich der Blick zum Himmel und die innere, tragende Struktur in den Ästen und Zweigen der Bäume wird sichtbar.

Für den inneren Garten

Bäume sind mir in meinem Leben wichtige Begleiter geworden. In ihrer aufrechten Art ermutigen sie mich, hinzustehen und mich zu zeigen.

Bäume verlieren nichts von ihrer Lebensgeschichte. In ihren Jahresringen und in ihrer Rinde bleibt alles sichtbar: die mageren und fetten Jahre, Verletzungen und Verluste. Der Alters- und Reifungsprozess eines Baumes ermutigt mich, die Spuren meines Lebens nicht zu »vertuschen« und »wegzuschminken«. Die Erfahrungen – glückliche und traurige – prägen mich auf einmalige Weise und machen mich in meiner Persönlichkeit aus. Bäume stehen im Wald, auf einer Baumwiese oder allein. Unser Leben spielt in verschiedenen Räumen. Mal trägt die große Gemeinschaft, in der ich mich geschützt und unauffällig bewegen darf, mal stehe ich alleine und werde sichtbar für andere: als Orientierung oder als Einladung, im Schatten Platz zu nehmen.

In meinem Leben durfte ich schon unter einigen großen »Menschenbäumen« Platz nehmen. Irgendwann ist es soweit, selbst so ein Baum zu sein.

Wie ein Baum will ich sein,
an Wasserbächen gepflanzt,
tief verwurzelt in der Erde,
verbunden mit den Vätern und Müttern meiner Geschichte,
genährt von allem, was mir die Erde schenkt.

Wie ein Baum will ich sein,
dem Licht entgegenwachsen und dem Himmel,
die Krone geöffnet dem Segen von oben,
vertrauend in die Zukunft.

Wie ein Baum will ich sein,
immer im Jetzt,
ganz Blatt, das austreibt,
ganz Blüte, die sich entfaltet,
ganz Frucht, die reift,
ganz Ruhe, wenn es schneit.

Gärten unserer Mütter

Gärten sind alt. Der Blick in die Geschichte zeigt, dass in den meisten Kulturen die Gärten dann entstanden, wenn das Existenzminimum gesichert war. Sesshaftigkeit, Frieden, ein gewisser Wohlstand und kulturelle Beständigkeit waren und sind Voraussetzungen für die Entwicklung von Gärten.

Vor 4000 Jahren wurden in China die ersten Gärten geschaffen, dann auch im Mittelmeerraum und im Nahen Osten. Die Gärten der Fürsten, Könige und Königinnen waren botanischen Gärten vergleichbar. Es waren geschützte Räume mit wertvollen Gewächsen zur Zierde und zum Nutzen. Das Wort Paradies, das aus dem altiranischen Kulturraum kommt, bedeutet genau dies: einen von einem Wall umgebenen Baumpark.

Die Gärten der Frauen

Gärten haben weibliche und mütterliche Züge. Sie geben Frauen einen natürlichen Lebensort, den sie auch gestalten und pflegen. Frauennamen wie Friedegard, Armgard, Irmgard, Liebegard oder Hildegard weisen auf eine von Frauen geprägte Tradition hin.

In der ländlichen Geschichte wurden die Klostergärten in die weltliche Variante des Bauerngartens übernommen. Für diesen waren meist die weiblichen Mitglieder des Haushalts verantwortlich. Neben dem Gemüse für den Eigenbedarf und einer gewissen Auswahl an Heilkräutern gehörten auch die Blumen, teils als blühende Kräuter, teils als Zierde, dazu. Sie sehen diese Gärten heute noch in den Dörfern: Sie liegen nahe am Haus, sind durch einen schlichten Holzzaun gegen das herumlaufende Federvieh geschützt und ihre Gemüse- und Blumenvielfalt strahlt Üppigkeit und Leben aus.

Natürlich gibt es auch eine Tradition der Gärtner, meist in der professionellen Variante. In der Stadt waren und sind die Schrebergärten oft Männergärten: Am Ortsrand oder an den Bahngleisen sind sie für viele Männer ein Ausgleich zur Berufsarbeit und ein Rückzugsort außerhalb der Wohnungen. Ich habe vor allem meine Mutter im Garten erlebt. Neben den vielen wiederkehrenden Tätigkeiten im Haushalt, die immer wieder getan werden mussten und von denen nur wenige Spuren blieben, war der Garten ein schöpferischer Ort.

Im Garten ist kreative Gestaltung möglich und jeder Garten hat seine eigene individuelle Note, die etwas mit der Gärtnerin zu tun hat.

Gemeinschaftsgärten gegen Heimweh

Ein Garten ist ein kleiner Ausschnitt der Mutter Erde. Neben einem Wohnort, einem Haus oder einer Wohnung bedeutet der Garten auf ganz direkte Weise Heimat.

Bei einem Umzug ist der Abschied von der »Gartenerde« ein anderer als der von den Räumen und den Nachbarn. Und das Ankommen an einem neuen Ort hat für mich auch mit dem Ankommen in einem neuen Stückchen Erde zu tun.

Diesen Erfahrungen verdankt sich die Idee für eine besondere Art von Gärten: Gärten für Menschen, die – oft unfreiwillig – ihre Heimat verlassen haben und an einem fremden Ort leben. In Deutschland gibt es seit ungefähr 1990 sogenannte Internationale Gärten. Der erste wurde in Göttingen gegründet. Vor allem bosnische Flüchtlingsfrauen benannten den Verlust ihrer Gärten neben den vielen anderen Verlusten besonders schmerzlich. In Sendenhorst entstand durch die Initiative eines deutsch-ausländischen Freundeskreises und inspiriert durch die Geografin Stefanie Schmid ebenfalls ein solcher Internationaler Garten.

In den USA gibt es Nachbarschaftsprojekte, die als Community Gardening bezeichnet werden. In Baulücken entstanden Gärten, die von den Menschen eines Viertels bearbeitet und bewirtschaftet werden. Immer gibt es Gemeinschaftsflächen und einzelne Parzellen. In Oberfranken bearbeitete ich am Rand eines Dorfes mit vielen anderen so genannte Pflanzteile: Ein größerer Acker in Gemeindebesitz war in Parzellen aufgeteilt, die an die Bewohnerinnen und Bewohner des Ortes abgegeben wurden.

Allen diesen Beispielen ist gemeinsam, dass Menschen auf vielfältige Weise Heimat erleben und spüren wollen. Lebensraum, in dem sich Menschen wohl fühlen, hat viele Facetten. Eine davon ist der Garten. Und das Arbeiten und Leben in einem Garten gewinnt noch an Qualität, wenn ich es nicht allein, sondern zusammen mit anderen tue.

Gärten als Zeichen einer unerschütterlichen Hoffnungskraft

In den Ländern Afrikas, Asiens oder Südamerikas mit großer Armut und Arbeitslosigkeit, mit großen verarmten Vorstädten gibt es trotz allen Elends grüne Hoffnungszeichen. Vor Hütten und einfachsten Häusern stehen in allen möglichen Gefäßen aus Blech und Plastik Blumen und Gemüsepflanzen. Sie ändern nichts an der existenziellen Not, in der sich Familien, Frauen und Kinder befinden. Aber sie sind ein sichtbares Zeichen – meist von Frauen gepflanzt –, dass die Menschen ihre Hoffnung nicht aufgeben wollen und auch mit den bescheidenen Mitteln, die sie haben, Schönheit gegen Elend und Verzweiflung säen.

Alice Walker, eine zeitgenössische schwarze Schriftstellerin in Amerika, schreibt von ihrer Mutter: »[Sie] schmückte jedes schäbige Haus, in dem wir zu wohnen gezwungen waren, mit Blumen. Und nicht nur mit den üblichen verwilderten Zinniensträuchern. … Was immer sie pflanzte, wuchs wie durch Zauberei, und ihr Ruhm als Blumenzüchterin verbreitete sich über drei Landkreise. So schöpferisch war sie mit ihren Blumen, dass ich mich sogar an die Armut nur durch einen Schleier von Blüten erinnern kann« (Auf der Suche nach den Gärten unserer Mütter, München 1987, 24f). Alice Walker beschreibt hier keine Frau, die das Gärtnern zu ihrem Hobby gemacht hat. Sie erzählt von ihrer Mutter, die neben harter körperlicher Erwerbsarbeit auf den Feldern das Schöne pflegte, um sich selbst und ihrer Schöpfungskraft Respekt zu erweisen. Sie versuchte, etwas Schönes zu schaffen, um das Leben wertzuschätzen und in der Erbärmlichkeit des täglichen Lebens ausharren zu können.

Den grünen Daumen weitergeben

Die Liebe zum Gärtnern, die Leidenschaft für Gärten wird nicht einfach weitergegeben. Es ist ein Erbgut, das nicht von jedem und jeder übernommen werden kann. Natürlich lässt sich vieles über die Gartenarbeit lernen, der Blick in einen Gartenratgeber ist sicher für jeden Gärtner und jede Gärtnerin hilfreich, wenn er oder sie neu anfängt.

Der »grüne Daumen« jedoch ist ein Geschenk. Indem Gartenväter und -mütter ihre Arbeit tun, indem sie freigiebig sind mit ihrem grünen Wissen – wenn sie gefragt werden –, können sie »es« zwar anderen zeigen. Ob ein Familienmitglied tatsächlich dasselbe spürt und in die Gartenschuhe schlüpft, ist damit aber noch nicht gesagt. Den grünen Zweig im Stammbaum der Familie gibt es allerdings meistens. Neben den handwerklichen, pädagogischen oder juristischen Linien gibt es oft auch die gärtnernde Linie. Die Liebe zur Erde und zum Umgang mit Gewächsen zeigt sich immer wieder, selbst wenn eine Generation übersprungen wird.

Gärten erinnern

Wenn ich an die »Gärten der Väter und Mütter« denke, geht es für mich um dankbares Erinnern. Es lohnt sich, mit Älteren zusammenzusitzen und sich erzählen zu lassen, wie deren Gärten aussahen. Was wurde in guten und was in schlechten Zeiten gepflanzt? Welche Begabungen für bestimmte Pflanzensorten gab es?

Vielleicht erinnern Sie sich selbst noch an alte Gärten. In meiner Erinnerung sind es die Johannisbeersträucher im Garten meines Großvaters, die jedes Jahr abgezupft werden mussten, und der Baum mit den Jakoberäpfeln, die nur frisch geerntet wirklich gut schmeckten. Ich erinnere mich aber auch an die Bank und den Tisch unter Fliederbüschen, die es heute nicht mehr gibt, die mir mit ihrem Duft die Sehnsucht ins Herz legten, irgendwann selbst einen Flieder im Garten zu haben. Die kleinen dunkelroten Rosenstöcke in der Beeteinfassung gibt es immer noch und sie erinnern mich an die Kindheitsbesuche in diesem Garten.

Für den inneren Garten

Wenn ich an manchen Abenden auf den Tag zurückschaue, waren da einige Gärten, in denen ich zu Besuch war. Da waren Gärten, in denen ich etwas lernen durfte über Wachstum und über die Pflege des Lebendigen. Ich war in Gärten, in denen ich staunen durfte über Gewächse, die ich noch nicht kannte. Ich durfte in Gärten ausruhen und ich bekam in Gärten etwas geschenkt – ein Pflänzchen für meinen Garten. An manchen Gärten bin ich schauend vorübergegangen.

Und ich schaue zurück, wer bei mir vorbeigeschaut hat und wem ich das Gartentor geöffnet habe.

Das ist für mich eine schöne Vorstellung von der Begegnung mit Menschen und ihren Qualitäten und Gaben. Respekt voreinander, Freude aneinander und alles im richtigen Maß von Nähe und Distanz, von »am Gartenzaun« und »im Garten«.

So ein Rückblick kann sich auf einen Tag beziehen, aber auch auf einen Lebensabschnitt. Dann kommen mir vielleicht auch Gärtner und Gärtnerinnen in den Blick, die mir selbst beim Großwerden beigestanden sind.

Gott, du schöpferische Kraft,
ich freue mich über die Arbeit dieses Tages
und danke dir für die Gaben und Fähigkeiten,
die ich heute nutzen konnte.

Gott, du Freund des Lebens,
ich freue mich über
die Begegnungen dieses Tages
und danke dir für die Menschen,
mit denen ich heute Brot und Wissen teilte.

Gott, du Geber aller Zeit,
ich freue mich über alle,
deren Erfahrung ich nutzen darf,
und vertraue dir die Mütter und Väter an,
die mir Leben und Wachsen ermöglichten.

Gott, du Mitgehende,
ich bitte dich um deine Nähe,
wenn ich für andere Mutter oder Vater werde.
Ich will im Wissen um die Geschichte vor mir
und in der Hoffnung auf eine Zukunft nach mir
jetzt leben.

Paradiesgarten

Paradies – umgrenzter Raum

Lange waren Menschen der Meinung, das Paradies oder der Garten Eden müsste auf Erden zu finden sein. Selbst Kolumbus hoffte noch, auf seinen Entdeckungsfahrten diesen irdisch-himmlischen Ort zu finden.

Es ist nicht völlig falsch gedacht. Der Garten Eden (Genesis 2,8) wird in der griechischen Übersetzung des Alten Testaments und in den anschließenden Traditionen Paradies genannt. Eden ist vermutlich ein geografischer Name, der sich allerdings jeder Lokalisierung entzieht. Ursprünglich bedeutete Eden vielleicht »Steppe«. Dann wäre der Garten Eden als eine Oase, ein Paradies in der Wüste zu verstehen.

Die Schöpfungsgeschichte schildert einen Ort, der den Idealfall der Erde darstellen könnte: Tiere und Menschen leben in Frieden nebeneinander. Es gibt für alle genug zu essen, denn alles wächst und gedeiht. Dies ist aber nicht gleichbedeutend mit der Vorstellung vom »Schlaraffenland«. Paradies und Schlaraffenland sind zwei sehr verschiedene Orte. Während das Schlaraffenland ein Bild der grenzenlosen Schlemmerei ist, klingt im Bild des Paradieses auch Ordnung an, die ein friedliches Leben erst ermöglicht. Beiden gemeinsam scheint die Sorglosigkeit. Menschen und Tiere dürfen einfach da sein. Aus dem Paradies vertrieben werden die ersten Menschen in ein ödes Land, das erst bearbeitet werden muss. Alle Gärten im westlichen und jüdisch-christlichen Kulturraum haben – ob beabsichtigt oder nicht – diesen ersten Garten zum Vorbild. Es gab Gärten, in denen versucht wurde, eine möglichst große Vielfalt an Blumen, Sträuchern und Bäumen zu pflanzen, die in den biblischen Texten vorkamen. In anderen Kulturen gibt es den Garten als Wohnort der Götter oder als geschützten Raum der Freude und Lust.

Umzäunt, aber mit einer Tür

Viele Gärtnerinnen und Gärtner betrachten ihren Garten als ihr kleines Paradies. Bei aller guten Nachbarschaft und Gastfreundschaft bedeutet der Zaun das, was er ist: eine Grenze, ein Schutz vor den anderen. In ein Paradies darf nicht jeder und jede hineintreten. Und wenn wir uns vorstellen, dass der Garten auch für uns als Person steht, wird es noch deutlicher. Nicht alles, was uns ausmacht, wollen wir allen zeigen. Es gibt eine Grenze, die respektiert werden muss. Und es gibt eine Tür, die ich öffnen und schließen kann.

Der Garten – eine Tür zur Schöpfung

Diesen Zusammenhang zwischen Natur und Mensch erkannte schon Hildegard von Bingen. Für sie ist der Mensch als Mikrokosmos ein Abbild des Makrokosmos. Im Menschen finden sich alle Elemente. Mensch und Schöpfung stehen in einem unauflöslichen Zusammenhang. Alles, was im Kosmos geschieht – Sonnenkreislauf, Wetterlage, Naturereignisse –, beeinflusst das Befinden des Menschen. Und der Mensch kann mit seinem Handeln, mit seinem Umgang mit der Natur diese Kreisläufe anerkennend stützen oder zerstören.

Dies sind höchst aktuelle Erkenntnisse. Und ich möchte ergänzen, dass alle Gärtner und Gärtnerinnen mit ihren Gärten kleine Schöpfungen pflegen, die beeinflusst sind vom Ganzen, aber auch am Ganzen mitwirken. Der abgewandelte Satz »Zeig mir deinen Garten und ich sage dir, wie du bist« macht den Garten zu einer Tür zwischen mir und der großen Schöpfung. In diesem kleinen Geviert kann ich mit allen Sinnen Kreisläufe und Ordnungen be-greifen.

Voller Wunder und Geschenke

In vielen Dingen des Gartens blitzt das Paradiesische auf. Ein Garten ist nährend mit dem, was er an Früchten hervorbringt. Im Sommer bereitet es mir ein großes Vergnügen, durch den Garten zu schlendern und zu essen. Ich pflücke Beeren vom Strauch – nicht für die Vorratshaltung, sondern um sie sofort zu genießen. Ich verzehre mit Genuss und Freude eine Birne oder eine Tomate am Ort ihres Wachsens.

Ein Garten ist nährend mit seinen Farben und Geräuschen. In allen Düften weht der Atem Gottes durch den Garten. Im Frühsommer füllen mir Flieder, Pfingstrose, Jasmin, Heckenrose und Königskerze die Nase, im Herbst ist es der Geruch von überreifen Pflaumen, der intensive Duft der Quitten und der Abschiedshauch von feuchtem Laub und Kompost. Wir tragen Dufterinnerungen in uns wie eine Melodie, die wir nicht alleine nachsingen können.

Wir wissen, wie eine Rose riecht. Der Duft ist in uns, aber wir müssen ihn jedes Jahr neu erriechen.

Wie ein Stückchen vom Paradies wird der Garten für viele zum Lebenselixier. Wer gekostet hat, wird sich immer wieder dorthin wenden.

Hortus

Unser Leben spielt sich nicht nur in diesen umgrenzten Räumen ab. Wir haben es immer wieder mit den Äckern und Feldern zu tun, die erst bearbeitet werden müssen. Und zwischendurch müssen wir uns auch durch Ödnis und Wüste kämpfen.

Das Alte Testament ist voller Menschenerfahrungen von Kampf, Sieg und Niederlage, von Vertreibung und Zerstörung. Dazwischen tauchen aber regelmäßig Verheißungen auf, die Mensch, Tier, Stadt und Land betreffen und die Wiederkehr von paradiesischen und damit friedvollen Verhältnissen ankündigen.

Jesaja sagt in Gottes Namen Trost zu: »So wird Jahwe auch Zion trösten, trösten alle seine Trümmer. Seine Wüste wird er zu einem Paradiese machen und seine Steppe wie zu einem Gottesgarten. Dort wird Freude und Wonne gefunden, Preis und Lobgesang« (Jesaja 51,3).

Ezechiel darf das Wort Gottes vom Wiederaufbau verkünden, sodass man sagen wird: »Dieses verwüstete Land ist wie der Garten Eden geworden, und die Städte, die verheert, verwüstet und zerstört dalagen, sind befestigt und bewohnt« (Ezechiel 36,33–36).

Es geht um die Sehnsucht und die Verheißung des *Hortus*, des umgrenzten behüteten Raumes, in dem sich das Leben überschaubar zeigt in der Pflanzen- und Tierwelt des Gartens. Ganz egal, ob es ein Garten ist, in dem die Natur eher imitiert oder kontrolliert wird, oder ob es ein wilder Garten ist, in dem die Natur sich selbst zeigt, der Hortus war und ist der Ort, wo Menschen Geborgenheit empfinden und sich Gott als dem Schöpfer näher fühlen können.

In den Verheißungen der alttestamentlichen Propheten steht neben dem Garten und dem Wiederaufbau auch ein Bild von Paradies, das noch umfassender ist: Schwerter werden zu Pflugscharen und Lanzen zu Winzermessern umgeschmiedet (Micha 4,3). Frieden und Gerechtigkeit werden zum Maßstab, sodass Menschen und Land aufblühen (Jesaja 60,17.21). In diesem zukünftigen Garten Eden herrscht nicht mehr die Unschuld des Anfangs, sondern ein umfassender Friede in einer Schöpfung, die auch um die Folgen des Unfriedens weiß.

Im Neuen Testament nimmt Jesus von Nazaret diese Verheißungen auf. Er verkündet mit seiner Person den Anbruch des Gottesreiches und in diesem Anbruch leben wir immer noch.

Damit sich dieses Friedensreich ausbreitet, damit dieser Gottesgarten größer wird, können wir nicht in unseren

»kleinen Paradiesen« bleiben. Was wir im Garten tun – pflegen, schützen und wachsen lassen –, das sollen wir auf je entsprechende Weise überall tun.

Wenn es Zeit wird zu gehen

Von Marie Luise Kaschnitz gibt es eine kurze Erzählung über Adam und Eva. Sie haben sich nach ihrer Vertreibung aus dem Paradies in ihr Erdenleben eingefügt und Adam »entdeckt«, dass zum Menschsein auch das Altern und das Sterben gehörten. Es beunruhigt ihn und nimmt ihm die Lebensfreude. Als er meint, es Eva enthüllen zu müssen, erfährt er, dass sie dies schon längst weiß. Aber sie hat einen Trost, der sie beide wieder zum Lachen bringt. Sie weiß, dass der Garten des Anfangs noch existiert, und kennt den Weg zum Tor. Die wachenden Engel, die ihr zuweilen ein paradiesisches Geschenk über die Mauer warfen, eine Weinrebe oder die Zwiebel der Feuerlilie, werden auf sie warten und ihnen zu gegebener Zeit das Tor öffnen.

»›Gerade dir‹, sagte Adam und dann fing er an zu lachen, laut und herzlich, zum erstenmal seit ach wie langer Zeit« (Marie Luise Kaschnitz, Liebesgeschichten, Frankfurt a. M. 1986, 159).

Für den inneren Garten

Mein Garten ist kein Paradies. Da gibt es Arbeit und Verluste, wuchernde Wildkräuter und kümmerliche Pflänzchen. Doch je mehr ich mich auf den Rhythmus des Gartens, seine Vorlieben, sein Vermögen und seine Überraschungen einlasse, desto näher komme ich einem Gefühl von Geborgenheit und wohltuender Bewegung und Wandlung. Die Zeiten und Momente der Selbstvergessenheit, in denen ich ganz dem Ort und den Pflanzen zugewandt bin, in denen ich ahne, dass nicht so sehr ich den Garten gewählt, sondern der Garten mich gefunden und gewählt hat, möchte ich nicht missen.

Dieses von mir absehen, ganz hörend, sehend, fühlend werden auf das Andere hin, fällt mir beim Beten oft schwer und ich bin dankbar, diese Erfahrung an diesem grünen Ort machen zu dürfen. Sie befähigt mich, Menschen ebenso zugewandt entgegenzutreten und zu begegnen.

Am Abend eines beglückenden Gartentages braucht es nicht mehr viel, vielleicht einen tiefen Seufzer der Dankbarkeit für das Geschenk, das ein Garten jeden Tag neu bedeutet.

Du bist bei mir,
wenn es dämmert.

Wenn die Ruhe kommt
nach der Geschäftigkeit,
wenn das Licht
alle Farben wärmt.

Dann kann ich gehen.

Du bist bei mir,
wenn es dämmert.

Wenn die Vögel
ein Abendlied zwitschern,
Nachtfalter aufsteigen,
gelb leuchtende Nachtkerzen suchend.

Dann kann ich gehen.

Du bist bei mir,
wenn es dämmert.

Wenn die Kühle aufsteigt,
Nachtbläue alles einfärbt.

Dann will ich gehen.

Bleib du mir nahe,
sei mir Begleiter durch die Nacht,
schenk Blütenträume mir und
wenn du willst den nächsten Tag.

Bücher und Zeitschriften, die für das Entstehen dieses Buches wichtig waren

Ingrid Bade (Hrsg.), Das kleine Gartenglück, München [3]2005.
André Heller/Julia Kospach, Augenweide. Der Garten der Gärten, München 2003.
Roni Jay, Heilige Gärten, Oasen zum Nachdenken und Meditieren, Neuhausen/Schweiz 1999.
Ina Praetorius, Die Welt: ein Haushalt. Texte zur theologisch-politischen Neuorientierung, Mainz 2002.
Inga-Maria Richberg, Altes Gärtnerwissen wieder entdeckt. Naturgemäß und erfolgreich gärtnern mit dem Erfahrungsschatz vergangener Zeiten. München/Wien/Zürich [2]1997.
Alice Walker, Auf der Suche nach den Gärten unserer Mütter. Essays, München 1987.
Schlangenbrut. Zeitschrift für feministisch und religiös interessierte Frauen. Heft 85 (2004), Schwerpunktthema: Gärten.

Textnachweis